BESTACTIVITYBOOKS.COM

Copyright © 2022 LINGUAS CLASSICS

PRIMA EDIZIONE 2022

Scoprire i Giochi Gratuiti Online

Disponibile Qui:

BestActivityBooks.com/FREEGAMES

5 CONSIGLI PER INIZIARE

1) COME RISOLVERE LE PAROLE INTRECCIATTE

I puzzle hanno un formato classico:

- Le parole sono nascoste senza spazi o trattini,...
- Orientamento: Le parole possono essere scritte in avanti, indietro, verso l'alto, verso il basso o in diagonale (possono essere invertite).
- Le parole possono sovrapporsi o intersecarsi.

2) APPRENDIMENTO ATTIVO

Accanto ad ogni parola c'è uno spazio per scrivere la traduzione. Per incoraggiare l'apprendimento attivo, un **DIZIONARIO** alla fine di questa edizione vi permetterà di controllare e ampliare le vostre conoscenze. Cerca e scrivi le traduzioni, trovale nel puzzle e aggiungile al tuo vocabolario!

3) SEGNARE LE PAROLE

Puoi inventare il tuo sistema di segni. Forse ne usi già uno? Per esempio, puoi segnare le parole difficili da trovare con una croce, le parole preferite con una stella, le parole nuove con un triangolo, le parole rare con un diamante, e così via.

4) STRUTTURARE L'APPRENDIMENTO

Questa edizione offre un **TACCUINO** alla fine del libro. In vacanza, in viaggio o a casa, puoi organizzare facilmente le tue nuove conoscenze senza bisogno di un secondo quaderno!

5) AVETE FINITO TUTTE LE GRIGLIE?

Nelle ultime pagine di questo libro, nella sezione della **SFIDA FINALE**, troverete un gioco gratuito!

Facile e veloce! Dai un'occhiata alla nostra collezione di libri di attività per il tuo prossimo momento di divertimento e **apprendimento,** a portata di clic!

Trova la tua prossima sfida su:

BestActivityBooks.com/MioProssimoLibro

Ai vostri posti, pronti...Via!

Sapevi che ci sono circa 7.000 lingue diverse nel mondo? Le parole sono preziose.

Amiamo le lingue e abbiamo lavorato duramente per creare libri di altissima qualità. I nostri ingredienti?

Una selezione di argomenti adatti all'apprendimento, tre buone porzioni di intrattenimento, una cucchiaiata di parole difficili e una spolverata di parole rare. Li serviamo con amore e entusiasmo in modo che tu possa risolvere i migliori giochi di parole e divertirti imparando!

La vostra opinione è essenziale. Puoi partecipare attivamente al successo di questo libro lasciandoci un commento. Ci piacerebbe sapere cosa ti è piaciuto di più di questa edizione.

Ecco un link veloce alla pagina dell'ordine:

BestBooksActivity.com/Recensione50

Grazie per il vostro aiuto e buon divertimento!

Tutta la squadra

1 - Scacchi

```
A  L  B  W  G  A  T  U  P  M  I  T  X  P  R  F
Q  J  A  D  N  R  Ţ  S  R  O  T  Ă  C  U  J  E
M  B  B  Ţ  M  E  H  Z  O  A  I  D  W  N  G  S
J  O  C  Y  Q  G  V  F  V  Z  S  D  N  C  L  L
S  Z  C  N  Y  I  I  Z  O  L  Ţ  R  H  T  X  L
T  S  H  B  F  N  Z  O  C  C  V  L  E  E  K  L
R  D  R  Ţ  Ţ  Ă  A  R  Ă  N  Z  Y  J  V  K  O
A  T  P  A  S  I  V  S  R  O  N  C  I  T  D  I
T  U  M  B  E  X  W  A  I  N  S  W  V  R  V  A
E  R  R  W  Z  I  L  Ă  L  A  N  O  G  A  I  D
G  N  Q  E  Q  P  F  M  J  C  O  N  C  U  R  S
I  E  T  G  G  K  T  L  M  I  I  I  U  R  J  Q
E  U  T  E  S  U  B  Q  M  B  P  Ţ  Ţ  G  F  K
G  O  D  R  R  K  L  Ţ  R  Q  M  G  T  E  Y  R
Ţ  Z  U  I  C  I  F  I  R  C  A  S  O  N  P  F
I  N  T  E  L  I  G  E  N  T  C  G  X  V  R  J
```

ADVERSAR
ALB
CAMPION
CONCURS
DIAGONALĂ
JUCĂTOR
JOC
INTELIGENT
NEGRU
PASIV

PUNCTE
REGE
REGINĂ
REGULI
SACRIFICIU
PROVOCĂRI
STRATEGIE
TIMP
TURNEU

2 - Salute e Benessere #2

```
G K X W D L E I M O T A N A L D
E Q J T A Y D N B I Ţ F K R R E
I N Q R H U E F K B O A L A V S
Ă T E I D K T E A P E T I T T H
C I I R O L A C C T P Q S H R I
I C T Z G L T Ţ A L E R G I E D
T Z S R H I U I Y Y J Ţ O U K R
E H E S L T E E D L G Ţ N C U A
N S G W Â J R S Ă N Ă T O S J T
E D I F Y N G N U T R I Ţ I E A
G S D W T N G F M C I T E S W R
O N T Y Q A W E G N A L D P O E
I G I E N Ă B D M A S A J I W O
V I T A M I N Ă X C E Q T T W G
J X T M O J Q G U G P A G A F A
S O T R Y Ţ J S F E M S R L A A
```

ALERGIE
ANATOMIE
APETIT
CALORII
CORP
DIETĂ
DIGESTIE
DESHIDRATARE
ENERGIE
GENETICĂ

IGIENĂ
INFECŢIE
BOALA
MASAJ
NUTRIŢIE
SPITAL
GREUTATE
SÂNGE
SĂNĂTOS
VITAMINĂ

3 - Aggettivi #2

```
Ț L M U R Ț D G O F Y P C Y S Q
O M R N E G V T G Y Q Y E P Ă K
Ț P P N S F I R E S C T L A Ñ G
F T U I P J T Z U A I L E F Ă Ț
A N D B O A P U S P N M B M T R
M A U V N V I T A E R C R D O U
T S K H S U R W S W E V U R S T
P E M O A S C Y K I T S D A Z B
A R P X B C S R S Y U N D M V M
U E O S I A E G C A P O K A Y M
T T O D L T D V M G E R N T Z Â
E N X J U F O A M E L M J I X N
N I X Ț Y C D U L C E A T C P D
T S Ă R A T T N A G E L E A H R
I S X W F X Q I P U B Z A B I U
C C G Z M X K V V P A K X I Ț Z
```

FOAME
USCAT
AUTENTIC
CREATIV
DESCRIPTIV
DULCE
DRAMATIC
ELEGANT
CELEBRU
PUTERNIC

INTERESANT
FIRESC
NORMAL
NOU
MÂNDRU
PRODUCTIV
PUR
RESPONSABIL
SĂRAT
SĂNĂTOS

4 - Ingegneria

```
D A D S T A B I L I T A T E U K
I D I A P H P E L U C L A C N P
A Â S X M O T O R M N U C K G R
M N T Ă U X T T E X A E U E H O
E C R C O U L O H A D Ș L A I P
T I I O M O T O R I N Ă I T J U
R M B N Z T J O X G U M S N E L
U E U S L M Ă R W L Ț A T N Ă S
P I Ț T D Ă U R C U D R R P R I
I Ț I R G S M C I Z L G U U Q E
Q A E U E U K H X E X A C D Ț S
I T T C G R S F M V J I T Ț P Q
V O J Ț G A J E B R R D U N S C
X R W I B R L I C H I D R U X F
C O J E W E I G R E N E A J J P
R K K D T T S Y N S H U Y R L I
```

UNGHI

AXĂ

CALCUL

CONSTRUCȚIE

DIAGRAMĂ

DIAMETRU

MOTORINĂ

DISTRIBUȚIE

ENERGIE

TĂRIE

UNELTE

LICHID

MAȘINĂ

MĂSURARE

MOTOR

ADÂNCIME

PROPULSIE

ROTAȚIE

STABILITATE

STRUCTURA

5 - Archeologia

```
O  B  I  E  C  T  E  Y  C  Q  A  C  E  P  V  E
D  O  E  F  Ţ  G  H  G  S  L  N  E  W  R  K  X
E  W  R  H  K  C  X  J  U  C  T  R  B  O  L  P
S  X  Ă  M  O  R  M  Â  N  T  I  C  W  F  E  E
C  A  H  T  U  C  S  O  N  U  C  E  N  E  A  R
E  M  F  A  U  Ţ  E  Ţ  I  H  H  T  S  S  M  T
N  E  Z  T  Q  U  U  N  F  H  I  Ă  R  O  I  E
D  U  L  I  R  L  I  S  O  F  T  T  J  R  S  V
E  P  B  U  E  P  R  W  E  S  A  O  N  L  T  A
N  U  L  D  V  M  Ţ  O  H  T  T  R  Y  V  E  L
T  I  F  I  F  E  T  O  O  H  E  S  B  N  R  U
K  Q  L  H  R  T  C  R  E  L  I  C  V  Ă  U  A
D  W  C  M  D  M  J  H  S  G  Ţ  X  Ţ  R  B  R
E  C  H  I  P  Ă  M  Ţ  I  L  M  X  S  Z  U  E
C  I  V  I  L  I  Z  A  Ţ  I  E  Z  C  R  K  G
A  N  A  L  I  Z  Ă  A  Z  D  A  F  D  I  N  I
```

ANALIZĂ	OBIECTE
ANTICHITATE	OASE
VECHI	PROFESOR
CIVILIZAŢIE	RELICVĂ
UITAT	CERCETĂTOR
DESCENDENT	NECUNOSCUT
ERĂ	ECHIPĂ
EXPERT	TEMPLU
FOSIL	MORMÂNT
MISTER	EVALUARE

6 - Salute e Benessere #1

```
P  I  N  O  M  R  O  H  T  Î  W  K  P  Y  L  P
W  I  I  Q  E  C  J  P  E  N  C  M  C  A  J  E
F  R  A  C  T  U  R  Ă  R  Ă  A  C  T  I  V  E
Ţ  E  C  V  U  N  O  Y  A  L  V  S  M  K  T  B
F  T  I  J  L  L  T  K  P  Ţ  I  B  C  U  X  E
A  C  N  R  U  T  C  E  I  I  V  R  E  N  S  D
R  A  I  J  S  S  O  P  E  M  Q  X  N  U  Y  S
M  B  L  T  Q  W  D  D  F  E  X  X  E  Ţ  O  S
A  Q  C  N  F  V  T  U  Q  O  I  U  A  P  D  Z
C  N  I  E  G  Z  W  Z  U  H  A  F  H  I  M  P
I  V  T  M  E  D  I  C  I  N  Ă  M  B  E  U  O
E  F  C  A  P  O  S  T  U  R  Ă  W  E  L  Ş  B
W  D  V  T  R  E  L  A  X  A  R  E  O  E  C  I
J  F  O  A  H  G  R  T  G  Y  G  P  W  I  H  C
V  Y  B  R  X  H  A  H  C  Ţ  Z  B  S  T  I  E
U  Z  Ţ  T  R  E  F  L  E  X  V  I  R  U  S  I
```

OBICEI	MUŞCHI
ÎNĂLŢIME	NERVI
ACTIV	HORMONI
BACTERII	PIELE
CLINICA	POSTURĂ
FOAME	REFLEX
FARMACIE	RELAXARE
FRACTURĂ	TERAPIE
MEDICINĂ	TRATAMENT
DOCTOR	VIRUS

7 - Aggettivi #1

```
Ţ K W M V Ţ J G X J I Ţ P L B I
E X O T I C I T N E D I E N R M
R N E Ţ T Y H E R U H M R A Ţ E
I N A T C R P C E V L A F T D N
Ţ Ţ G M A V H N D K I R E C Ţ S
B U P E B X V Î O V D E C J P Ţ
U V Z V Z I F M M C N W T L K Y
S O R B C P Ţ S U C Ţ G R E U R
T P M G D O L I A I Y Z Y J I U
A I A G N I F K O T Z L S V D W
M O N F Y I T Ţ W S O R O L A V
O T R E S Ţ S Y M I I B R A S M
R X G Z R V G P X T I Y E J I H
A I H G K I Ţ X K R E C N I S Z
Y Ţ D I M P O R T A N T E Z Q I
A B S O L U T Ţ S K O M G Z T K
```

AMBIŢIOS
AROMAT
ARTISTIC
ABSOLUT
ACTIV
IMENS
EXOTIC
GENEROS
TINERI
MARE

IDENTIC
IMPORTANT
ÎNCET
LUNG
MODERN
SINCER
PERFECT
GREU
VALOROS
SUBŢIRE

8 - Geologia

```
C P V N X I N U E L A R E N I M
U O T A L P J J L R C A L C I U
T S V U L C A N A Y O U U C H A
R M T P V C P U T A A Z D G L E
E U A A K H U D S W E F I H A A
M O R I L P E M I T F O C U Ă J
U F T W W A C S R F E S A C N X
R S S Ţ Q P G V C Q V I K O R E
Ţ S Z T R U C M L M M L H N E C
P I A T R Ă O W I A F I S T V U
K Y C N N S R F B T V E A I A A
G U I M Z D A N Ţ X E Ă R N C R
Ţ L Q G G Z L G O V M X E E Z Ţ
G H E I Z E R P S W C Y F N Y L
S T A L A C T I T Q B P J T F S
T L Ţ B W K R C I T V J D G Q X
```

ACID
PLATOU
CALCIU
CAVERNĂ
CONTINENT
CORAL
CRISTALE
EROZIUNE
FOSIL
GHEIZER

LAVĂ
MINERALE
PIATRĂ
CUARŢ
SARE
STALAGMITE
STALACTIT
STRAT
CUTREMUR
VULCAN

9 - Campeggio

```
B T B K M M T R E L H Y O X C I
M Y J D U F L C H M L C T N A C
R M F Ă N I B A C F Y K S Q N I
E R A O T Ă N Â V V F U I I O W
F L B C E L A M I N A B F A E C
N X X O I C A P O C Y Ţ C Ţ I H
G H G I Ţ I Z Y Ă L O S U B L P
F Z R X C O F P S D K Y O A U C
R B G R A E G Q T G U F T T P O
Â B H Ă R U T N E V A R L G L O
N D K R T R O C M C U P E A B O
G D H U S P Ă L Ă R I E P F C W
H N A T I A D T I W R V X V B D
I K M A D H A R T Ă T C E S N I
E E A N U L B T E L F J M A J S
Y L C Q T J H D Y F Z H C Y S S
```

COPACI
HAMAC
ANIMALE
AVENTURĂ
BUSOLĂ
CABINĂ
VÂNĂTOARE
CANOE
PĂLĂRIE
FRÂNGHIE

DISTRACŢIE
PĂDURE
FOC
INSECTĂ
LAC
LUNA
HARTĂ
MUNTE
NATURĂ
CORT

10 - Arti Visive

```
E  W  Ț  H  P  B  W  F  H  H  A  P  F  C  M  S
S  C  E  R  A  M  I  C  Ă  E  M  P  V  A  C  C
G  G  N  Z  V  P  M  O  U  M  L  I  F  P  O  U
W  Q  U  C  T  B  E  Q  E  R  B  C  X  O  M  L
L  X  B  E  Y  Y  R  R  L  N  G  T  X  D  P  P
K  K  R  T  X  N  U  U  S  C  H  U  P  O  O  T
P  C  Ă  A  X  O  L  A  C  P  A  R  Z  P  Z  U
P  R  C  T  S  I  T  R  A  N  E  A  Z  E  I  R
A  R  H  I  T  E  C  T  U  R  Ă  C  K  R  Ț  Ă
L  I  Ț  V  C  R  E  T  Ă  Y  R  Ț  T  Ă  I  A
S  K  D  I  R  C  N  Q  X  U  A  H  S  I  E  F
S  E  J  T  E  L  A  V  E  Ș  E  B  A  Ț  V  B
K  G  K  A  P  Z  Ț  D  D  J  C  F  Z  F  E  Ă
Ț  T  C  E  X  I  Q  P  O  R  T  R  E  T  J  L
R  W  N  R  N  N  X  A  R  G  I  L  Ă  M  E  L
Ț  T  E  C  F  O  T  O  G  R  A  F  I  E  P  L
```

ARHITECTURĂ
ARGILĂ
ARTIST
CAPODOPERĂ
CĂRBUNE
ȘEVALET
CEARĂ
CERAMICĂ
COMPOZIȚIE
CREATIVITATE

FILM
FOTOGRAFIE
CRETĂ
CREION
PIX
PICTURA
PERSPECTIVĂ
PORTRET
SCULPTURĂ
LAC

11 - Tempo

```
D  M  H  N  O  A  P  T  E  C  E  A  S  L  O  D
B  I  T  C  U  N  U  Ţ  O  M  S  H  W  G  W  N
J  Z  M  M  R  M  E  Ţ  G  B  M  I  I  M  H  K
D  Ţ  F  I  C  A  L  E  N  D  A  R  C  T  S  D
U  O  L  Ă  N  U  L  M  C  L  J  F  B  F  Q  Q
P  V  M  R  L  E  T  N  I  A  N  Î  X  W  U  G
Ă  R  L  O  N  U  A  Y  N  V  V  T  B  R  H  Z
N  K  Ţ  J  X  K  A  Ţ  G  B  B  E  F  W  N  V
Â  Q  W  V  V  S  Ţ  I  Ă  C  U  R  Â  N  D  P
M  I  N  U  T  E  Z  Z  Z  V  I  I  T  O  R
Ă  K  A  I  V  C  I  A  N  U  A  L  H  Q  Ţ  U
T  U  A  N  M  O  Ţ  M  C  N  Z  I  Y  Y  W  C
P  Z  Z  E  U  L  L  D  S  I  E  V  M  K  S  J
Ă  J  A  C  E  W  R  L  T  T  D  E  E  A  V  D
S  I  C  E  T  B  P  N  N  K  M  W  W  D  J  F
P  H  B  D  P  S  S  Z  G  I  E  R  I  M  Ţ  N
```

AN	AMIAZĂ
ANUAL	MINUT
CALENDAR	NOAPTE
DECENIU	AZI
DUPĂ	ORĂ
VIITOR	CEAS
ZI	CURÂND
IERI	ÎNAINTE
DIMINEAŢĂ	SECOL
LUNĂ	SĂPTĂMÂNĂ

12 - Astronomia

```
A N U L Y Z Z T C Q Ţ A D R T U
G S Ţ F C I D E W N B O X D E U
A O T U A N O R T S A C W H L C
L M C R Q Q V X U D I W Q L E I
A S Ă V O N R E P U S Z E Q S X
X O I L R N U I Ţ C O N I H C E
I C N H M D O M T Z M E J G O P
E E R N B I T M E M Ţ K T P P Ă
N E B U L O A S Ă T E H C A R M
B D M K Ă R V S L Y E L D L W Â
C O N S T E L A Ţ I E O N Y F N
F A H Ţ E T E K O Ţ T Q R L B T
Q A D N N S G R A V I T A Ţ I E
A B Y Q A A O B S E R V A T O R
K C Ţ T L U N I V E R S O I U L
T Z M C P D W U R A D I A Ţ I E
```

ASTEROID
ASTRONAUT
ASTRONOM
CER
COSMOS
CONSTELAŢIE
ECHINOCŢIU
GALAXIE
GRAVITAŢIE
LUNA

METEOR
NEBULOASĂ
OBSERVATOR
PLANETĂ
RADIAŢIE
RACHETĂ
SUPERNOVĂ
TELESCOP
PĂMÂNT
UNIVERS

13 - Algebra

```
N L D A E E L V P G P V T Q P E
U Y Y W Q C U Y Z I W O Y D R X
A Z Y T A I T C O N P D Q J O P
U Ţ G B E R E D Ă C S L A F B O
F K K L Z T P Q P W U C D V L N
I R O T C A F O Z E M E I A E E
N L A Ţ V M X O U D Ă P A R M N
F L A C I F I L P M I S G I Ă T
I Z I M Ţ T N U M Ă R C R A R T
N J E N G I C R W Q R S A B T F
I E X R I Z U H J T W S M I N G
T T B O O A H N H Ţ U K Ă L G F
H O N V R K R Q E I Ţ A U C E B
L X Y Z J V Q W Y B K V P L Z C
G R A F I C F O R M U L Ă A Ţ X
S O L U Ţ I E P A R A N T E Z Ă
```

DIAGRAMĂ	MATRICE
ECUAŢIE	NUMĂR
EXPONENT	PARANTEZĂ
FALS	PROBLEMĂ
FACTOR	SIMPLIFICA
FORMULĂ	SOLUŢIE
FRACŢIUNE	SUMĂ
GRAFIC	SCĂDERE
INFINIT	VARIABIL
LINIAR	ZERO

14 - Mitologia

```
R T Z H Y Ţ L T X G M O A R N G
Ă O Ă U L B A I U I M I F C E E
Z A D R C Z B Z T N I Y U R M L
B E E T I T I G E D E B L E U O
U I Z S N E R R K I I T G A R Z
N L A N I C I A Ţ H T P E R I I
A I S O O M N Ţ U K Ţ Ă R E R E
R X T M B A T W X N L V Ţ P E E
E O R M Z G F Ă P T U R Ă I I R
N K U F Ă I R B Ţ O Ă Z R T S O
N Z I E R C O I M W D O U E L U
C O M P O R T A M E N T T H P G
Q A V P V P I T E N E C L R Y D
O I X Y Z G R R W E G O U A B J
Z X B B X H U Z W K E E C P I I
L S R H R U M D D M L J C R U M
```

ARHETIP	GELOZIE
COMPORTAMENT	RĂZBOINIC
FĂPTURĂ	NEMURIRE
CREARE	LABIRINT
CULTURĂ	LEGENDĂ
DEZASTRU	MAGIC
ZEITĂŢI	MURITOR
EROU	MONSTRU
TĂRIE	TUNET
FULGER	RĂZBUNARE

15 - Piante

```
T Ă Z B L Q T C Ț V F G R U C T
U N I A E I Ț A T E G E V Z R S
F I H C Ș U M C R T P G T O E A
I D B Ă I C Y T I Ă X Ă Ț T Ș E
Ș Ă O L I G C U O R D U D L T F
F R T A Ț K U S Z O B Ă B U E E
O G A T J H K H W L D A C Ț R F
A W N E L O S A F F A M I H E
K S I P V M H Q O L W G Ț B N B
S A C Y M D F Y R O Q D N G U Ă
Ț C Ă R E D E I T A X M F A F S
L C O P A C Z O K R X R Z E R Q
Z L L E Q M P W B E L E G I U N
T N L Î N G R Ă Ș Ă M Â N T N I
N V Z V N P N M K Q I C Ț Z Z D
K F N Ț I A R B Ă T U L X I E I
```

COPAC	ÎNGRĂȘĂMÂNT
BACĂ	FLOARE
BAMBUS	FLORĂ
BOTANICĂ	FRUNZE
CACTUS	PĂDURE
TUFIȘ	GRĂDINĂ
CREȘTE	MUȘCHI
IEDERĂ	PETALĂ
IARBĂ	RĂDĂCINĂ
FASOLE	VEGETAȚIE

16 - Spezie

```
N  S  Ț  J  W  R  Ț  K  W  C  K  Q  S  R  X  A
M  M  C  M  S  A  R  E  D  T  U  S  K  H  M  Y
W  M  I  O  R  U  T  S  U  S  Z  R  A  M  A  H
S  M  N  M  R  P  X  W  O  L  I  H  C  Q  P  Q
T  B  Y  A  D  Ț  O  U  T  Y  Ț  E  Y  U  J  J
O  C  A  D  A  K  I  R  P  A  P  O  X  K  M  V
T  D  F  R  B  E  F  Ș  V  A  N  I  L  I  E  Ă
B  X  U  A  B  T  E  B  O  V  M  Q  F  O  N  P
D  U  L  C  E  A  N  J  N  A  R  F  O  Ș  U  A
A  N  A  S  O  N  I  F  T  B  R  W  L  C  C  E
D  U  E  R  S  O  C  O  C  A  I  Ă  Y  L  Ș  C
W  V  M  Q  B  B  U  E  C  U  R  R  Y  H  O  J
B  L  L  Ț  E  C  L  U  D  N  M  E  L  S  A  A
C  H  I  M  I  O  N  C  T  Y  J  I  P  Ț  R  L
C  O  R  I  A  N  D  R  U  V  X  U  G  I  Ă  K
C  S  L  I  T  G  H  I  M  B  I  R  I  T  P  O
```

USTUROI	DULCE
AMAR	FENICUL
ANASON	LEMN DULCE
SCORȚIȘOARĂ	NUCŞOARĂ
CARDAMOM	PAPRIKA
CEAPĂ	PIPER
CORIANDRU	SARE
CHIMION	VANILIE
CURCUMĂ	ȘOFRAN
CURRY	GHIMBIR

17 - Numeri

```
C  Ț  D  W  A  J  F  G  Q  Z  I  Ș  Z  D  R  C
I  O  D  O  Y  H  E  I  K  G  P  A  E  O  J  Q
N  C  T  Z  U  O  C  A  G  W  E  P  C  I  Y  L
C  M  N  P  O  Ă  E  M  I  L  C  T  E  S  A  Ș
I  W  J  I  I  U  Z  W  R  B  E  E  C  P  J  U
S  A  P  M  C  O  E  E  Y  Q  Z  S  E  R  G  K
P  N  C  V  N  N  R  G  C  Q  E  P  Z  E  U  N
R  Q  F  J  Ț  Z  P  L  Z  I  R  R  E  Z  D  O
E  V  K  E  Y  L  S  X  A  G  P  E  R  E  K  Ț
Z  U  F  F  U  P  T  X  S  M  S  Z  P  C  C  D
E  Z  K  M  R  U  P  K  H  B  I  E  S  E  O  M
C  Ș  A  P  T  E  O  E  O  N  A  C  I  Y  H  H
E  F  O  F  A  C  I  K  R  Z  Ș  E  E  J  N  J
P  A  I  S  P  R  E  Z  E  C  E  F  R  Z  M  D
N  O  U  Ă  S  P  R  E  Z  E  C  E  T  P  O  K
P  Z  A  E  V  D  T  U  A  H  E  V  P  I  O  P
```

CINCI	PAISPREZECE
ZECIMAL	PATRU
NOUĂSPREZECE	CINCISPREZECE
ȘAPTESPREZECE	ȘAISPREZECE
OPTSPREZECE	ȘASE
ZECE	ȘAPTE
DOISPREZECE	TREI
DOI	TREISPREZECE
NOUĂ	DOUĂZECI
OPT	ZERO

18 - Guida

```
S  I  G  U  R  A  N  Ț  Ă  M  U  R  D  A  Ț  R
A  J  V  E  P  O  Z  U  B  O  T  U  A  A  N  O
C  M  I  F  O  L  I  B  I  T  S  U  B  M  O  C
C  A  T  W  L  H  C  K  T  O  F  R  Â  N  E  Y
I  Ș  E  H  I  O  A  T  E  C  N  O  G  Z  V  G
D  I  Z  O  T  T  C  E  L  I  X  T  Q  X  E  A
E  N  Ă  J  I  H  U  I  T  C  T  O  A  Ț  X  F
N  Ă  U  X  E  T  E  N  R  L  V  M  Z  E  Q  L
T  K  Ț  Ț  F  I  E  E  O  E  T  R  A  F  I  C
G  A  R  A  J  L  D  H  P  T  P  H  A  R  T  Ă
F  H  Z  M  L  O  C  G  S  Ă  P  R  F  A  M  U
L  K  W  T  V  E  P  Q  N  L  I  C  E  N  Ț  Ă
D  P  I  E  T  O  N  R  A  G  H  N  Y  G  I  Y
B  E  K  U  R  W  W  U  R  L  A  A  Ț  L  M  H
D  H  P  L  F  D  M  X  T  V  I  Z  C  G  J  N
N  W  U  R  M  Q  J  L  V  X  O  Y  U  B  N  Q
```

MAȘINĂ	MOTOR
AUTOBUZ	PIETON
COMBUSTIBIL	PERICOL
FRÂNE	POLITIE
GARAJ	SIGURANȚĂ
GAZ	DRUM
ACCIDENT	TRAFIC
LICENȚĂ	TRANSPORT
HARTĂ	TUNEL
MOTOCICLETĂ	VITEZĂ

19 - I Media

```
O R C Z M P O N L I N E C I C C
J Z P C L J R F A P T E R N O O
P C N A A O A E I N I P O D M M
X I Y V T E C Ţ S C F R I I E U
U O Q M I K X A G Ă O C N V R N
R Q V Ţ G P T E L I T L T I C I
A T B Ţ I U F Ţ I P O R E D I C
S T E L D B X E E P G I L U A A
U F I T G L S R A G R N E A L R
H S Ţ T O I D A R L A D C L S E
R N A E U C N Ţ I V F U T I K I
B J C Z S D N E Q I I S U C C Ţ
G S U F D K I R N O I T A B Ţ I
X N D T S V D N G K Q R L S R D
U L E P L K Q L I A P I T M X E
U F I N A N Ţ A R E A E M W Z Y
```

ATITUDINI
COMERCIAL
COMUNICARE
DIGITAL
EDIŢIE
EDUCAŢIE
FAPTE
FINANŢAREA
FOTOGRAFII
PRESĂ

INDIVIDUAL
INDUSTRIE
INTELECTUAL
LOCAL
ONLINE
OPINIE
PUBLIC
RADIO
REŢEA

20 - Forza e Gravità

```
B G Y I Q T E T A T U E R G N M
P L A N E T E C V M E X A X Ă A
O F Z Q Ţ K X A I I R P C L Ţ G
R B R K U A Z P T Ș I A I O N N
B W X E R N Z M E C R N N J A E
I W H W C G I I Z A E S A X T T
T J R J Q A P V Ă R P I C B S I
Ă U O Q A S R T E E O U E X I S
C C I G M K W E S R C N M D D M
E I I P I F E N U I S E R P N D
N M I Z H K H Ţ G W E A X M O V
T A J G I Q D Q M N D T L I Z C
R N K A M F G N T H D Ţ S T U Z
U I M S V P R O P R I E T Ă Ţ I
Ţ D S H C F J N V Q H K Q S J E
Q A W M O I J O S X J J K T X Y
```

AXĂ
FRECARE
CENTRU
DINAMIC
DISTANȚĂ
EXPANSIUNE
FIZICĂ
IMPACT
MAGNETISM
MECANICA

MIȘCARE
ORBITĂ
GREUTATE
PLANETE
PRESIUNE
PROPRIETĂȚI
DESCOPERIRE
TIMP
UNIVERSAL
VITEZĂ

21 - Uccelli

```
A F Q F H Ț N S Y Ț D P K C S Y
T A N A C I L E P S R P I S T Y
S N Y N Ț U R T S B L A Y E Â G
P J Ș U R Ă C S E P A S Ț A R B
P K S Ă L F O B B T G R Ț Ă C D
T K A P B M B R G S A G Z W V E
V R A B I E L Ț W F P Q M Ă N R
D L B I G S G K L S A R W A M Q
G Â S C Ă O H J T L P I I J N N
X P A Y O G W F Y J T B V P R S
T O U C A N I U G N I P U K V C
U Ț Y O E I Ș O I M E R L K E I
Ț B L E B M U R O P V P T P K N
G R C S J A G B Y O U Q U U L F
U A V U T L L E B Ă D Ă R I F F
D Z J T L F Q R Ț H V G H Z W C
```

STÂRC	PAPAGAL
RAȚĂ	VRABIE
VULTUR	PĂUN
BARZĂ	PELICAN
LEBĂDĂ	PORUMBEL
CUC	PINGUIN
ȘOIM	PUI
FLAMINGO	STRUȚ
PESCĂRUȘ	TOUCAN
GÂSCĂ	OU

22 - Giorni e Mesi

```
O D G M E S A Ţ D T Y Y Z L L Q
X C K G T I V U D U M J A P G W
Ţ V T P L Y G Z G G M V N V V I
V I G O D D E A Ţ U K I N U L U
G N N V M T E G T T S C N P Z N
A E E I R B M E C E D T K I T I
Ţ R E L E I R B M E I O N L C E
S I S A S W M I R U C R E I M Ă
Â D H L R A D N E L A C Z W B F
M W M A R Ţ I U G B K C Y H C M
B X L P S E P T E M B R I E F T
Ă D U I U L I E I R A U N A I I
T M N T D A P R I L I E M Y L J
Ă Ţ Ă U R S Ă P T Ă M Â N Ă C Z
F E B R U A R I E N L B T U R P
P B M V Y R Y J P M M N V W B G
```

AUGUST	LUNI
AN	MARȚI
APRILIE	MIERCURI
CALENDAR	LUNĂ
DECEMBRIE	NOIEMBRIE
DUMINICĂ	OCTOMBRIE
FEBRUARIE	SÂMBĂTĂ
IANUARIE	SEPTEMBRIE
IUNIE	SĂPTĂMÂNĂ
IULIE	VINERI

23 - Casa

```
B X O S C S N S Y X B T R M A Ț
I N M T C O V O R A P A O A C Ț
B X M F I P W Y F R F V B N O Y
L M Y D U Ș Ț G V B U A I S P W
I O G L I N D Ă H U Ș N N A E Y
O L G Q B Z E U Q C Ă J E R R G
T L G G A R D Y V Ă E Q T D I Z
E S R B K H S O A T F A F Ă Ș R
C T Ă R U T Ă M T Ă E T E R E P
Ă L D B L Q R X R R J I R D P P
E F I S H O E Q Ă I Q Ț E C O P
G N N H Ț L M P T E R Z A P E P
N A Ă P K L A M P Ă Q Ț S A T L
S V R A M G C J A P M F T C Q Y
L J R A T N X A N Y R Y R Ț T W
K X J Q J O Ț G R Ț P C Ă D N L
```

MANSARDĂ	PERETE
BIBLIOTECĂ	PODEA
CAMERĂ	UȘĂ
VATRĂ	GARD
BUCĂTĂRIE	ROBINET
DUȘ	MĂTURĂ
FEREASTRĂ	TAVAN
GARAJ	OGLINDĂ
GRĂDINĂ	COVOR
LAMPĂ	ACOPERIȘ

24 - Fantascienza

```
F  W  N  N  J  O  A  S  U  J  G  H  P  W  G  M
M  U  G  Y  F  L  P  Q  Ă  F  M  J  L  Y  S  I
C  W  T  S  L  W  J  A  T  O  M  I  C  O  F  S
Q  S  K  U  F  I  B  D  E  S  E  W  O  E  I  T
T  I  O  C  R  V  Ț  K  N  P  I  W  Z  M  P  E
C  X  K  X  J  I  U  U  A  C  X  L  Z  Y  Z  R
I  L  U  Z  I  E  S  C  L  Y  A  G  A  B  Z  I
O  R  A  C  O  L  A  T  P  V  L  L  N  E  R  O
D  I  S  T  O  P  I  E  R  D  A  I  U  U  R  S
S  A  R  O  B  O  Ț  I  A  M  G  U  K  M  T  O
G  M  C  I  T  S  A  T  N  A  F  C  W  E  E  Y
T  E  H  N  O  L  O  G  I  E  Z  Ă  E  R  Y  Q
M  N  K  Q  J  V  V  U  G  P  R  R  J  T  M  H
M  I  E  M  Y  R  Ț  H  A  Q  G  Ț  R  X  S  T
J  C  G  D  G  Ț  Ț  G  M  B  S  I  Z  E  S  I
E  X  P  L  O  Z  I  E  I  P  O  T  U  E  X  M
```

ATOMIC	IMAGINAR
CINEMA	CĂRȚI
DISTOPIE	MISTERIOS
EXPLOZIE	LUME
EXTREM	ORACOL
FANTASTIC	PLANETĂ
FOC	REALIST
FUTURIST	ROBOȚI
GALAXIE	TEHNOLOGIE
ILUZIE	UTOPIE

25 - Città

```
R E S T A U R A N T H C F S A U
R V R M Z F O U O N O L D U C N
N R A Z B P P R I J T I B P I I
A E R O P O R T D T E N E E N V
K O O D N N Q A A C L I P R E E
G A L E R I E E T Z M C K M M R
T Ă F Z C Ţ Z T S P B A K A A S
Ş C O A L Ă H A P I A Ţ Ă R O I
N E L P J Z N B G V X Ţ C K E T
M T L O D H A T R A O T N E M A
E O D W G R R L G U M Y A T R T
B I F A R M A C I E T G B X C E
H L O L C X W X N Z R Ă S A P S
M B M Ţ V C Y J R U Ţ B R Q I N
Z I Y K S J Ţ Y J M F E R I A H
T B D L I B R Ă R I E K C D E G
```

AEROPORT	PIAŢĂ
BANCĂ	MUZEU
BIBLIOTECĂ	MAGAZIN
CINEMA	BRUTĂRIE
CLINICA	RESTAURANT
FARMACIE	ŞCOALĂ
FLORAR	STADION
GALERIE	SUPERMARKET
HOTEL	TEATRU
LIBRĂRIE	UNIVERSITATE

26 - Fattoria #1

```
A  T  A  E  L  S  A  L  E  M  A  A  X  P  X  Î
C  B  D  W  I  B  G  E  E  A  I  E  J  X  L  N
W  D  A  P  N  Z  R  O  W  U  V  R  T  R  D  G
Ţ  M  I  G  C  N  I  U  P  D  V  Y  E  F  A  R
O  R  E  Z  Â  Z  C  U  Y  T  Ţ  W  C  X  A  Ă
M  M  H  A  M  X  U  U  O  E  T  M  N  O  A  Ş
P  X  Ă  N  P  X  L  E  Ţ  I  V  A  Y  M  N  Ă
C  A  L  G  U  I  T  G  M  N  M  L  P  X  Ţ  M
V  R  J  V  A  G  U  G  A  Ă  M  R  U  T  M  Â
A  G  O  E  A  R  R  T  E  R  A  P  Ă  R  I  N
C  Q  X  P  L  P  Ă  T  L  P  D  K  C  I  E  T
Ă  W  U  B  B  S  N  Ţ  V  A  H  U  I  O  R  T
J  F  S  Y  I  E  N  I  Â  C  P  U  S  E  E  F
I  E  F  K  N  S  E  M  I  N  Ţ  E  I  J  M  O
L  K  S  A  Ă  G  J  N  E  Â  P  V  P  L  M  O
B  A  O  K  X  I  J  J  K  F  I  S  Y  Ţ  K  H
```

APĂ   PISICĂ
AGRICULTURĂ   TURMĂ
ALBINĂ   PORC
MĂGAR   MIERE
CÂMP   VACĂ
CÂINE   PUI
CAPRĂ   GARD
CAL   OREZ
ÎNGRĂŞĂMÂNT   SEMINŢE
FÂN   VIŢEL

27 - Psicologia

```
G  Â  N  D  U  R  I  C  I  N  I  L  C  F  H  L
G  V  A  S  W  C  P  O  U  Ţ  F  U  G  F  N  F
C  B  Z  K  E  I  Ţ  P  E  C  R  E  P  R  C  F
C  U  T  D  E  Q  N  I  D  C  C  R  B  I  T  Q
O  P  N  X  I  U  Y  L  T  C  I  L  F  N  O  C
M  R  E  O  Ţ  X  Q  Ă  T  H  E  R  E  C  E  X
P  O  I  U  A  C  F  R  Z  T  D  T  Y  O  V  O
O  G  T  R  Z  Ș  E  I  O  E  I  N  X  N  A  K
R  R  Ș  Ţ  N  M  T  E  E  G  O  F  C  Ş  L  Q
T  A  N  W  E  K  A  E  I  P  A  R  E  T  U  X
A  M  O  H  S  Z  T  B  R  E  Q  Ţ  J  I  A  Z
M  A  C  J  Q  J  I  V  N  E  M  M  R  E  R  M
E  R  B  L  G  Q  L  E  Y  P  S  O  X  N  E  D
N  E  U  B  K  K  A  Z  U  X  D  M  Ţ  T  Ţ  F
T  P  S  Q  Ă  M  E  L  B  O  R  P  C  I  V  M
N  E  Ţ  N  E  I  R  E  P  X  E  Y  Y  B  I  F
```

PROGRAMARE	COPILĂRIE
CLINIC	GÂNDURI
CUNOAȘTERE	PERCEPȚIE
COMPORTAMENT	PROBLEMĂ
CONFLICT	REALITATE
EGO	SENZAŢIE
EMOŢII	SUBCONȘTIENT
EXPERIENȚE	TERAPIE
IDEI	EVALUARE
INCONȘTIENT	

28 - Paesaggi

```
O O J Z L G M F M H Z Ţ N Y T S
Q C A P Q H A Ţ L A I S B E R G
T S E Z G E R M A L A C Y T E V
S D J A Ă I E E Ş Z H U R N Ş U
Y Ţ V R N Z P T T V A L E U E L
Q Q Ţ Â R E N J I D E A L M D C
J Z D U H R F T N V Ţ K B U P A
Z D P T B A B W Ă R E T Ş E P N
J K E K G Ţ N A J D U F E Y G A
T A N Z E E Y I A Z A T C B Y I
U J I K J H Z N L U L C U H W P
N P N Ţ Y G U S P B V R S U G A
D Ţ S N J K B U F C K X W A L W
R I U R G W Y L L L Y P U Y C C
Ă Z L I K X V Ă J Z L N Y P M R
B T Ă Z J J C A F P Z U T B N H
```

CASCADĂ	MARE
DEAL	MUNTE
DEŞERT	OAZĂ
RÂU	OCEAN
GHEIZER	MLAŞTINĂ
GHEŢAR	PENINSULĂ
PEŞTERĂ	PLAJĂ
AISBERG	TUNDRĂ
INSULĂ	VALE
LAC	VULCAN

29 - Energia

```
U M W S J Q Ţ I I M A E V F K D
Y E Q L T N Q A N O B D R F E R
X D K P H T W V D T U A X Q Z E
C I R T C E L E U O R D V K V G
M U C A R B O N S R O E Q G B E
H I D R O G E N T I E G B T A N
C V Â N T Y E O R N I R Q R T E
N Ă M R W M X R I Ă P X Z E E R
U N L B B T C T E M O T O R R A
C I M D A B V C S T R D D A I B
L Z E V U Z U E M F T U G U E I
E N Ţ T Y R D L L O N Z C L X L
A E X G W S Ă E Z T E U V O J E
R B O S V Z G F S O O Z Z P Q X
M J Q Z H R Ţ B Ă N I B R U T Y
E D N V M C O M B U S T I B I L
```

MEDIU	FOTON
BATERIE	HIDROGEN
BENZINĂ	INDUSTRIE
CĂLDURĂ	POLUARE
CARBON	MOTOR
COMBUSTIBIL	NUCLEAR
MOTORINĂ	REGENERABILE
ELECTRIC	TURBINĂ
ELECTRON	ABUR
ENTROPIE	VÂNT

30 - Ristorante #2

```
G  W  L  Ț  F  Ț  P  Ț  L  V  A  G  N  B  Ț  C
N  H  D  A  S  O  E  K  M  C  C  H  H  D  K  H
M  P  E  K  P  B  Ș  C  G  Q  Ț  P  H  Q  Z  E
V  T  R  A  A  Ă  T  V  Q  Ă  S  A  R  E  I  L
N  I  U  F  Ț  A  E  C  Ă  R  U  T  U  Ă  B  N
H  J  L  R  P  Ă  V  Y  U  U  T  O  R  T  X  E
D  E  L  I  C  I  O  S  L  G  C  L  F  A  L  R
S  T  Q  A  R  X  L  S  J  N  U  X  R  L  E  Y
Ț  N  S  U  P  Ă  V  I  T  I  R  E  P  A  G  A
F  E  K  Ț  B  C  I  H  H  L  F  O  K  S  U  L
U  M  M  H  N  I  S  A  B  T  N  U  D  H  M  N
R  I  F  A  I  N  Q  G  Y  E  S  N  U  Z  E  X
C  D  G  R  N  A  E  P  W  H  A  H  K  F  E  C
Ă  N  P  R  Â  N  Z  P  L  Ț  U  D  W  R  C  Z
M  O  Y  S  E  U  W  R  R  N  Y  T  O  I  B  G
K  C  A  U  S  C  A  U  N  B  H  S  X  N  K  Ț
```

APĂ
APERITIV
BĂUTURĂ
CHELNER
CINA
LINGURĂ
DELICIOS
FURCĂ
FRUCT
GHEAȚĂ

SALATĂ
SUPĂ
PEȘTE
PRÂNZ
SARE
SCAUN
CONDIMENTE
TORT
OUĂ
LEGUME

31 - Moda

```
O H J Z M R M P M U C S P W M H
R V F T V I O M G O W I A Z I E
I D B A M W I M R X D N P I N T
G G U C O Ă R U T Ă S E Ţ O I M
I Ă T I Y Ţ K W B I X J S T M T
N L I T S N P R A C T I C T A O
A E C S C I M E Z Q I G P N L B
L T W I Y D M O N P Z T I A I R
B N Y F S N B P D J A O H G S O
U A O O A E W S L E T I G E T D
T D O S D T K I K U R O E L E E
O A M G T E X T U R Ă N I E H R
A Y O C O N F O R T A B I L R I
N Z D M Q I Y Y Y L T A C S X E
E S E T N I M Ă C Ă R B M Î E X
U C L E K R R U V Y J Q L S N R
```

ÎMBRĂCĂMINTE	DANTELĂ
BUTIC	PRACTIC
SCUMP	BUTOANE
CONFORTABIL	BRODERIE
ELEGANT	SIMPLU
MINIMALIST	SOFISTICAT
MODEL	STIL
MODERN	TENDINŢĂ
MODEST	ŢESĂTURĂ
ORIGINAL	TEXTURĂ

32 - L'Azienda

```
K  D  F  L  R  J  Ţ  I  R  Y  R  E  P  D  E  V
A  N  G  A  J  A  R  E  E  B  I  Q  R  E  D  E
O  E  S  R  U  S  E  R  P  M  S  R  O  C  H  N
Y  T  Ţ  V  O  X  N  U  U  G  C  L  D  I  L  I
S  A  L  A  R  I  I  S  T  A  U  W  U  Z  M  T
A  T  A  C  V  V  I  T  A  E  R  C  S  I  A  U
I  I  B  V  P  Ţ  I  B  T  N  I  Q  Ţ  E  M  R
Ţ  L  O  T  L  A  N  O  I  S  E  F  O  R  P  I
Ă  A  L  V  Y  S  F  Q  E  Ţ  N  I  D  N  E  T
T  C  G  P  N  H  E  I  N  D  U  S  T  R  I  E
I  N  O  V  A  T  O  R  A  G  G  Z  G  E  A  K
N  P  B  Y  M  Q  B  Ţ  G  N  O  T  T  K  F  M
U  Ţ  B  Ţ  T  N  E  H  Q  O  O  Z  F  D  A  Z
P  R  E  Z  E  N  T  A  R  E  R  Y  N  H  T  Y
E  T  A  T  I  L  I  B  I  S  O  P  E  R  F  I
B  P  D  P  S  I  N  V  E  S  T  I  Ţ  I  I  T
```

CREATIV	PROFESIONAL
DECIZIE	PROGRES
GLOBAL	CALITATE
INDUSTRIE	VENITURI
INOVATOR	REPUTATIE
INVESTIŢII	RISCURI
ANGAJARE	RESURSE
POSIBILITATE	SALARII
PREZENTARE	TENDINŢE
PRODUS	UNITĂŢI

33 - Giardino

```
T H L F G T J B W V X Y G D J Q
E N O L C U G C A L E N A L E P
R X P O Q F H A Y N J U R E P P
A Z A A P I Z P Z Z C R A O L Y
S T T R C Ș Y O M O W Ă J A O O
Ă V Ă E Z Q F C D I N D L Z O Q
A H Q T R A M B U L I N Ă H I X
G R Ă D I N Ă K D I V A D H M Q
F U R T U N D W R M O R A G A X
Q M M G F P L Y L F W E V V U O
H Ț P K T G J K R H Q V I H D F
C Ț C Ă R J V C O Z D U L D P B
G R E B L Ă S S H H A M A C C S
K V Z R J W B M F M A Ț D R K H
K X G A R D X L L L S O L P S M
V H S I I N E I U R U B L C K R
```

COPAC
HAMAC
TUFIȘ
IARBĂ
BURUIENI
FLOARE
LIVADĂ
GARAJ
GRĂDINĂ
LOPATĂ

BANCĂ
VERANDĂ
GAZON
GREBLĂ
GARD
IAZ
SOL
TERASĂ
TRAMBULINĂ
FURTUN

34 - Riscaldamento Globale

```
Q  Ţ  I  I  Ţ  A  R  E  N  E  G  E  W  U  I  T
D  H  M  N  B  C  Ă  I  P  Y  Q  E  R  B  N  E
J  E  N  H  T  M  Z  A  G  A  V  I  L  T  D  M
Z  I  Z  R  Z  E  I  J  Q  D  S  I  U  Y  U  P
N  G  P  V  Q  N  R  A  T  E  N  Ţ  I  E  S  E
B  R  M  L  O  T  C  N  I  R  G  A  D  U  T  R
P  E  N  Z  B  L  I  M  A  I  Ţ  L  E  C  R  A
C  N  L  S  X  P  T  T  M  Ţ  A  U  M  C  I  T
F  E  Z  T  L  B  C  A  D  D  I  P  S  F  E  U
P  T  A  A  G  P  R  Z  R  A  Z  O  T  L  Y  R
E  H  U  M  U  C  A  F  T  E  T  P  N  N  Y  I
O  D  H  I  V  Z  X  V  C  J  W  E  O  A  A  D
F  X  X  L  E  I  Ţ  A  L  S  I  G  E  L  L  Y
H  A  G  C  R  V  T  O  N  N  V  I  I  T  O  R
S  K  K  C  N  P  H  A  B  I  T  A  T  E  Y  N
W  O  M  D  E  Ș  T  I  I  N  Ţ  Ă  G  Ţ  A  E
```

MEDIU	GUVERN
ARCTIC	HABITATE
ATENȚIE	INDUSTRIE
CLIMAT	INTERNAȚIONAL
CRIZĂ	LEGISLAȚIE
DATE	ACUM
ENERGIE	POPULAȚII
VIITOR	OM DE ȘTIINȚĂ
GAZ	DEZVOLTARE
GENERAȚII	TEMPERATURI

35 - Frutta

```
C C I R E A Ş Ă M R Ă M Y M H P
E A U Ţ J U E J U Ţ N B A Ă I A
Ă C I S R E I P R Y A F G N S R
A Ă J S T S U O E Ţ N N P U G Ă
O N K R Ă R U E M Z A P E R Q O
W I A T P A P A Y A B O P P A P
B R X N M R N S O H W R E J V R
H A W K A W U C H Z W T N U O D
B T F P R S S B J S O O E D C T
M C E K K U G Ţ K Z I C B W A C
X E K R O S N V M I Ţ A A V D T
O N I Q K A Q P S Q Q L C F O Z
F T S L I U Ţ T F G F I Ă L S S
T T C V W U E W R C H U G N U Ţ
Q D L A I R U G U R T S I C V F
D W F Z R C V Y R L Ă M Â I E Q
```

CAISĂ	MANGO
ANANAS	MĂR
PORTOCALIU	PEPENE
AVOCADO	MURE
BACĂ	NECTARINĂ
BANANĂ	PAPAYA
CIREAŞĂ	PARĂ
KIWI	PIERSICĂ
ZMEURĂ	PRUNĂ
LĂMÂIE	STRUGURI

36 - Fattoria #2

```
A  J  P  K  T  K  L  M  J  Z  A  R  M  Y  H  W
E  N  P  Ă  S  T  O  R  P  K  L  A  I  G  Y  G
O  B  I  W  N  P  W  C  G  Z  I  Ț  E  Q  G  V
Z  R  S  M  L  I  V  A  D  Ă  M  Ă  L  S  P  Z
L  E  Z  P  A  L  Q  C  O  E  E  T  Ş  Â  G  S
E  H  H  D  F  L  S  T  U  P  N  L  U  N  C  Ă
P  D  A  T  I  L  E  C  B  G  T  O  A  I  E  N
P  N  Y  M  Z  E  B  U  Ţ  G  E  W  N  N  Z  S
B  Z  C  M  B  M  U  R  O  P  R  L  U  I  X  X
P  K  A  F  K  A  Â  F  F  E  R  M  I  E  R  T
O  Ţ  Ţ  K  U  G  R  L  A  M  Ă  K  D  R  Ţ  X
R  F  Y  J  Ţ  D  G  Z  E  L  Z  A  K  A  E  A
K  V  J  J  J  Y  L  A  P  T  E  V  Q  G  W  M
R  D  D  H  T  R  A  C  T  O  R  C  P  I  Y  L
R  B  E  Z  N  M  K  H  V  H  C  V  T  R  F  B
Y  W  M  Y  G  K  A  O  U  Z  L  I  U  I  A  K
```

MIEL	IRIGARE
FERMIER	LAMĂ
STUP	LAPTE
RAȚĂ	PORUMB
ANIMALE	GÂŞTE
ALIMENTE	ORZ
HAMBAR	PĂSTOR
FRUCT	OAIE
LIVADĂ	LUNCĂ
GRÂU	TRACTOR

37 - Verdure

```
Ț Q H U J D D G V U Z N Ț X C V
Q C M F A Q I B U S S O F R A V
Ș A L O T Ă Ț V Ă T Ă N Â V S C
B R O C C O L I E U T V Y O T D
V D K K S Ț F O T R A C F C R M
C A G H I M B I R O L A X R A M
N P N U Y W X I J I A N K O V B
A Ă D G Z R M J P Y S A Ț M E C
P T N O H D I W B T Z P K Z T X
L R N H V I S D C D R S G X E G
M U O E I L N C I J P S I E B E
C N A D O E E A Ă C R E P U I C
P J U B S J I A R E H C E A P Ă
V E R Ă Z A M H C E X E I Ș O R
U L L P Y Ț E L I N Ă V J S B S
T G Q I Y M X S I U P X C D M I
```

USTUROI

BROCCOLI

ANGHINARE

MORCOV

CASTRAVETE

CEAPĂ

CIUPERCĂ

SALATĂ

VÂNĂTĂ

CARTOF

MAZĂRE

ROȘIE

PĂTRUNJEL

NAP

RIDICHE

ȘALOTĂ

ȚELINĂ

SPANAC

GHIMBIR

DOVLEAC

38 - Musica

```
I  R  C  Â  N  T  A  F  W  M  T  I  R  G  W  I
J  E  I  I  F  E  T  Z  Y  X  E  T  N  V  V  I
W  R  T  M  M  E  A  K  Ă  I  C  L  B  R  B  D
W  A  E  Y  U  T  Q  B  R  D  L  T  O  D  J  J
P  R  O  M  B  L  I  T  E  R  A  Ţ  Q  D  N  X
K  T  P  D  L  Q  Z  R  P  H  S  L  V  I  I  H
C  S  I  K  A  G  H  Ţ  O  Z  I  A  A  O  D  E
O  I  C  Ţ  E  R  Ă  T  N  Â  C  C  F  B  G  V
R  G  C  Z  N  O  X  K  A  K  L  I  R  I  C  J
K  E  N  O  F  O  R  C  I  M  Ţ  Z  G  C  O  G
A  R  M  O  N  I  C  X  C  K  Z  U  Z  E  B  H
Ţ  N  Q  J  V  X  U  J  I  A  L  M  N  V  O  V
Z  Î  V  V  G  W  K  P  Z  V  O  C  A  L  L  K
A  R  M  O  N  I  E  P  U  J  P  E  S  Q  F  X
G  S  F  G  E  H  X  U  M  A  D  R  S  P  J  E
I  N  S  T  R  U  M  E  N  T  S  U  B  L  Z  G
```

ALBUM	MICROFON
ARMONIE	MUZICAL
ARMONIC	MUZICIAN
BALADĂ	OPERĂ
CÂNTĂREȚ	POETIC
CÂNTA	ÎNREGISTRARE
CLASIC	RITMIC
COR	RITM
LIRIC	INSTRUMENT
MELODIE	VOCAL

39 - Barbecue

```
Y T S W K P L Ă R A V R S X D J
F U Ţ Z U U S C L Q P Q N D M D
R R E J E Ţ Z I I W Q N V H J V
K R U G Z Q Ţ Z Ţ N G R Ă T A R
F B K C H S T U R I A C E A P Ă
F K H A T Z U M Ţ U Y P Ţ X J D
S A L A T E T N E M I L A O O L
I N V I T A Ţ I E K R G E Z O Q
E G O R H X P X Z H U G T Y P U
G H H Z A W S P D C C I N N E C
C U Ţ I T E N V R R O S I I L Z
F A M I L I E F E Â J O B O Z F
U D N B I I T O P C N S R R F E
V E Y T L F O D I X P Z E U P T
S A R E L F Q O P T C F I P U J
Z K N D F O A M E C K Y F U I Ţ
```

FIERBINTE
CINA
ALIMENTE
CEAPĂ
CUŢITE
VARĂ
FOAME
FAMILIE
FRUCT
JOCURI

GRĂTAR
SALATE
INVITAŢIE
MUZICĂ
PIPER
PUI
ROSII
PRÂNZ
SARE
SOS

40 - Fisica

```
V F S U Ţ G B K P R Ţ P Y S G
I B Z S D L R U N I V E R S A L
T N Q B F I A H N F M R E O E M
E E Ă Ţ N E V C E R F U I A X E
Z Z A T V B I F X I C A J H P C
Ă D U T B E T A T I S N E D A A
J C C F O C A N U C L E A R N N
C H I M I C Ţ G Z F C H P P S I
O Q B O Ţ V I A F Ţ O Z H G I C
J J Ţ T H Ţ E Z V K L R V F U A
R E L A T I V I T A T E M G N M
M A G N E T I S M A F N I U E S
E L E C T R O N Ţ T W Q P K L G
A C C E L E R A R E T H D V Ţ Ă
Ţ L Z P P A M O L E C U L Ă S E
M O T O R P A R T I C U L Ă K F
```

ACCELERARE
ATOM
HAOS
CHIMIC
DENSITATE
ELECTRON
EXPANSIUNE
FORMULĂ
FRECVENŢĂ
GAZ

GRAVITAŢIE
MAGNETISM
MECANICA
MOLECULĂ
MOTOR
NUCLEAR
PARTICULĂ
RELATIVITATE
UNIVERSAL
VITEZĂ

41 - Agronomia

```
S M E D I U W K V L F Y W A R P
X E Î N G R Ă Ş Ă M Â N T L U R
E P M O H U P Z I C M V H I R O
R J A I T B A H Ţ K O E M M A D
O K V H N W O K B J R R X E L U
Z Ă X L Ţ Ţ Y C E I G R E N E C
I R V W Ţ Q E Z P K A B V T R Ţ
U U U R R N T N Z D N O C E L I
N T E C O L O G I E I B O L I E
E L D L M J O C O B C D U V F R
E U A S H A Q S S W A S B O I E
J C P E P D C I P H D F R L U T
S I S T E M E R A T E C R E C Ş
B R F M I D E N T I F I C A R E
V G Z E X E G Y P O L U A R E R
N A P X W L Ş T I I N Ţ Ă C T C
```

APĂ	POLUARE
AGRICULTURĂ	BOLI
MEDIU	ORGANIC
ALIMENTE	PRODUCŢIE
CREŞTERE	CERCETARE
ECOLOGIE	RURAL
ENERGIE	ŞTIINŢĂ
EROZIUNE	SEMINŢE
ÎNGRĂŞĂMÂNT	SISTEME
IDENTIFICARE	SOL

42 - Erboristeria

```
G D C X C S F D F I F F G Z L H
I N G R E D I E N T A M O R A O
O Ș R B N B L Ț P C N L E A F R
R O Ț A Ț C O F E G V D T R L E
U F M R Ț P O F Z L S A A Ă O G
T R E B O C U L I N A R T M A A
S A N F M Z F D U R B M I C R N
U N T K J Z M Ț R C D S L E E O
A U Ă D N A V A L C I U A L M B
G R Ă D I N Ă O R O B N C J A V
P Ă T R U N J E L I A T E S G E
W O V Q I T B Q A U N A R F H R
M U B G E J Q J Y S H R H K I D
B M Y Y V C C A Ț U D H B E R E
P T N W R B M D D B T O Q L A H
C U I L T Z E Z T K K N T P N K
```

USTUROI	LAVANDĂ
MĂRAR	MAGHIRAN
AROMAT	MENTĂ
BUSUIOC	OREGANO
CULINAR	PĂTRUNJEL
TARHON	CALITATE
FENICUL	ROZMARIN
FLOARE	CIMBRU
GRĂDINĂ	VERDE
INGREDIENT	ȘOFRAN

43 - Biologia

```
E  M  B  R  I  O  N  Q  E  Ă  C  B  Z  N  Ţ  F
B  N  N  P  E  E  I  Ţ  U  L  O  V  E  E  T  I
A  F  E  T  B  F  G  V  L  U  C  S  T  R  J  R
C  O  I  U  S  U  I  T  T  L  O  H  M  V  Z  E
T  T  Ţ  V  R  V  U  M  W  E  L  O  O  O  Ă  S
E  O  A  M  G  O  Y  G  A  C  A  R  Z  S  Z  C
R  S  T  T  F  Q  N  Y  F  M  G  M  O  I  O  Ă
I  I  U  Q  P  C  N  Q  I  C  E  O  M  N  I  M
I  N  M  Y  O  E  F  N  R  U  N  N  O  A  B  I
T  T  G  F  I  M  L  R  X  A  L  B  R  P  M  Z
D  E  A  N  A  T  O  M  I  E  J  D  C  S  I  N
K  Z  A  U  Z  J  S  B  Y  S  V  S  W  Ă  S  E
C  Ă  Ţ  L  W  X  F  Ţ  K  Z  W  U  J  F  E  P
R  E  P  T  I  L  Ă  N  I  E  T  O  R  P  E  M
U  B  D  L  O  Q  O  X  Q  X  Ţ  X  P  Ţ  S  B
P  J  S  V  C  Ţ  W  L  L  Z  Q  L  Ţ  C  N  M
```

ANATOMIE	MUTAŢIE
BACTERII	FIRESC
CELULĂ	NERV
COLAGEN	NEURON
CROMOZOM	HORMON
EMBRION	OSMOZĂ
ENZIMĂ	PROTEINĂ
EVOLUŢIE	REPTILĂ
FOTOSINTEZĂ	SIMBIOZĂ
MAMIFER	SINAPSĂ

44 - Attività Commerciale

```
T C G D T C K X V S M S M C O M
I R O T A J A G N A A N A O B K
B A A B X U O R I B R B R M U X
X J V N G E C E I U F Ţ F P G U
J S Q R Z R B P N E Ă R I A E P
N I Z A G A M P A Ţ R F N N T A
F R Q A X Z C C B Z I Ă A I I N
L U L G V N B Ţ O O Z O N E F Z
U T I P C Â G I I S F B Ţ I O R
L I P G B V R S H E T F A M R Z
I N V E S T I Ţ I I A T O O P V
R E D U C E R E L N J T T N M Y
V V N P H Q Z B Ţ V A O L O B O
M G G I Y W W M Ţ G G W Y C L W
J H H V W I P J N T N H G E L W
V A L U T Ă C I R B A F S N E C
```

BUGET	MAGAZIN
CARIERĂ	PROFIT
COST	VENITURI
ANGAJATOR	REDUCERE
ANGAJAT	COMPANIE
ECONOMIE	BANI
FABRICĂ	TRANZACŢIE
FINANŢA	BIROU
INVESTIŢII	VALUTĂ
MARFĂ	VÂNZARE

45 - Filantropia

```
I  H  Ţ  I  P  U  M  A  N  I  T  A  T  E  M  P
S  I  F  S  J  R  P  R  O  V  O  C  Ă  R  I  B
T  E  K  I  I  P  O  C  G  L  Y  I  K  E  Q  H
O  N  E  V  O  I  E  G  O  L  V  M  K  X  C  C
R  J  L  O  J  R  I  V  R  N  O  V  M  P  D  F
I  A  E  E  G  U  J  O  H  A  T  B  R  C  R  A
E  B  Ţ  U  P  Ţ  Y  A  P  M  A  A  W  Y  F
A  C  I  L  B  U  P  Ţ  I  T  V  E  C  L  Z  I
J  V  T  T  E  R  E  N  I  T  R  R  S  T  W  N
L  V  C  I  T  G  F  Ţ  U  M  G  Y  Ţ  G  E  A
A  U  E  T  A  T  I  T  S  E  N  O  B  V  F  N
N  I  I  R  U  D  N  O  F  O  A  M  E  N  I  Ţ
K  P  B  G  E  N  E  R  O  Z  I  T  A  T  E  A
U  D  O  C  O  M  U  N  I  T  A  T  E  Y  K  T
M  I  S  I  U  N  E  T  A  T  I  R  A  C  V  H
A  B  A  F  K  C  A  Z  N  X  I  V  Y  Z  S  E
```

COPII	GRUPURI
NEVOIE	MISIUNE
CARITATE	OBIECTIVELE
COMUNITATE	ONESTITATE
CONTACTE	OAMENI
FINANŢA	PROGRAME
FONDURI	PUBLIC
GENEROZITATE	PROVOCĂRI
TINERET	ISTORIE
GLOBAL	UMANITATE

46 - Ecologia

```
H F A K I V K P N H X E V C Ț T
A I Ț V Q C M A R I N S E M B Y
B R O S S D V M L A Ș T I N Ă D
I E T A T I S R E V I D C B I U
T S I F C N V Q I P F G E G H R
A C E R I U Ț E I V A R P U S A
T G J Ț O C O B R W G P S S Ț B
G L O B A L L T J L O L E E N I
B F D T B B L I S T Z A Z C V L
R E S U R S E Z M Ț M N F E Z Ă
V E G E T A Ț I E A V T L T D N
N P Z Q K H H B X P T E O Ă L U
C O M U N I T Ă Ț I J F R O X A
Y B A Ț P I F K G D Ț K Ă E M F
S V A R I E T A T E N A T U R Ă
V O L U N T A R I L G G V P K L
```

CLIMAT	MLAȘTINĂ
COMUNITĂȚI	PLANTE
DIVERSITATE	RESURSE
FAUNĂ	SECETĂ
FLORĂ	SUPRAVIEȚUIRE
GLOBAL	DURABILĂ
HABITAT	SPECIE
MARIN	VARIETATE
NATURĂ	VEGETAȚIE
FIRESC	VOLUNTARI

47 - Discipline Scientifiche

```
T  K  Y  H  B  H  B  I  O  C  H  I  M  I  E  P
G  E  I  M  O  N  O  R  T  S  A  H  X  E  Y  S
E  I  R  J  P  E  I  G  O  L  O  I  Z  I  F  I
O  M  A  M  M  E  C  A  N  I  C  A  H  G  H  H
L  I  N  G  O  E  F  Ă  C  I  N  A  T  O  B  O
O  H  A  F  M  D  Ţ  I  V  M  J  Z  Q  L  Z  L
G  C  T  B  N  E  I  G  O  L  O  I  C  O  S  O
I  O  O  F  H  V  E  N  E  B  E  X  U  E  D  G
E  W  M  C  Ţ  R  I  Z  A  C  I  S  E  H  A  I
L  T  I  C  E  A  G  U  L  M  O  C  W  R  Y  E
G  I  E  Ţ  K  I  O  S  E  V  I  L  Z  A  I  V
M  I  N  E  R  A  L  O  G  I  E  C  O  L  O  H
M  E  T  E  O  R  O  L  O  G  I  E  Ă  G  M  F
V  A  Z  D  T  E  I  G  O  L  O  N  U  M  I  C
S  Q  T  O  P  G  B  Z  O  O  L  O  G  I  E  E
N  E  U  R  O  L  O  G  I  E  F  R  O  L  E  K
```

ANATOMIE	IMUNOLOGIE
ARHEOLOGIE	MECANICA
ASTRONOMIE	METEOROLOGIE
BIOCHIMIE	MINERALOGIE
BIOLOGIE	NEUROLOGIE
BOTANICĂ	PSIHOLOGIE
CHIMIE	SOCIOLOGIE
ECOLOGIE	TERMODINAMICĂ
FIZIOLOGIE	ZOOLOGIE
GEOLOGIE	

48 - Scienza

```
M  H  S  G  Ă  Ț  N  I  I  T  Ș  E  D  M  O  G
F  O  G  E  R  M  I  A  E  U  A  L  T  P  R  V
D  U  L  V  T  A  M  I  L  C  M  G  C  O  G  C
R  X  Ă  E  U  W  V  X  D  Y  W  T  H  B  A  E
D  I  D  Ă  C  I  Z  I  F  P  F  I  I  S  N  Q
D  V  O  A  W  U  G  W  T  P  A  F  M  E  I  W
N  A  T  U  R  Ă  L  H  N  A  V  O  I  R  S  M
W  M  E  A  L  Z  I  E  E  P  Ț  P  C  V  M  I
T  T  M  X  T  E  S  T  M  A  O  I  P  A  O  N
R  D  X  P  C  T  O  A  I  R  T  M  E  R  T  E
O  D  Y  L  A  O  F  D  R  T  J  W  W  E  A  R
M  R  Z  U  H  P  L  Y  E  I  E  S  L  W  D  A
K  R  A  S  O  I  O  B  P  C  C  Z  M  F  P  L
E  V  O  L  U  Ț  I  E  X  U  Ț  Z  E  F  Z  E
G  E  D  B  P  Y  F  C  E  L  F  H  B  O  M  M
L  A  B  O  R  A  T  O  R  E  B  T  B  N  E  U
```

ATOM	IPOTEZĂ
CHIMIC	LABORATOR
CLIMAT	METODĂ
DATE	MINERALE
EXPERIMENT	MOLECULE
EVOLUȚIE	NATURĂ
FAPT	ORGANISM
FIZICĂ	OBSERVARE
FOSIL	PARTICULE
GRAVITAȚIE	OM DE ȘTIINȚĂ

49 - Acqua

```
G E Q G M I I N U N D A Ț I I M
H R Y O Y Q D L A Î O R R X Y U
E I A O L P A V K E N E O U V S
A E V A P O R A R E C G W U W O
Ț T N E R U C O W O A O H B I N
Ă A P J I G H D A H L S V E S S
D T A N T P P M Ț P C G D R Ț B
A I J V M Z U M L P R U B A Z N
P D N C V U R A G A N M M G A W
Ă I R W A R R C T K V E B I N F
Z M P X L A N A C Z R D C R Q C
S U Y L U E N G M O M E E I F W
C A Â P R E Z I E H G M D P D F
Q U O R I L A O R Z W Y J K U M
R A X V G V F A I S Y Z S F Ș P
B A S M I R W B Q M L L K L P Z
```

INUNDAȚII   LAC
CANAL   MUSON
DUȘ   ZĂPADĂ
EVAPORARE   OCEAN
RÂU   VALURI
CURENT   PLOAIE
ÎNGHEȚ   UMIDITATE
GHEIZER   UMEDE
GHEAȚĂ   URAGAN
IRIGARE   ABUR

50 - Imbarcazioni

```
K F X J N T K I L C B Q H Q D X
O Ţ X P F W G Q A J K M M A R E
Z S Y E F I E J Ţ H Y Q O Ţ Q X
A N C O R Ă E Ţ E V T E B T V P
C Z V A L U R I O B A C P J O Ă
A Ă T U L P A D N E N D Q W M R
I S A J X M M A R I N A R A U
A O C E A N L O C I T U A N R D
C E C H I P A J A F L C R R I N
S R Â U R Q T J T R K L T K T A
T D G V F H B E A Â A B K M I M
E J G H R I Z I R N P O I M M A
H X G G U Q N F G G G A K A B E
R C D W R O U D I H P Y O N V G
H K W B S G I R K I U N H T N M
Ţ E B N I W C M V E Ţ A F X B D
```

CATARG
ANCORĂ
GEAMANDURĂ
CANOE
FRÂNGHIE
ECHIPAJ
RÂU
CAIAC
LAC
MARE

MAREE
MARINAR
MARITIM
MOTOR
NAUTIC
OCEAN
VALURI
BAC
IAHT
PLUTĂ

51 - Chimica

```
Ă  L  U  C  E  L  O  M  O  L  Z  A  R  E  A  H
M  I  G  N  W  G  F  L  X  H  I  I  E  L  T  I
I  C  N  R  W  K  B  A  I  O  H  S  Z  E  O  D
Z  H  Z  K  E  Z  H  R  G  P  M  K  R  C  M  R
N  I  E  Q  G  U  T  U  E  E  R  A  S  T  I  O
E  D  C  M  V  T  T  T  N  A  U  C  W  R  C  G
I  P  C  C  D  F  U  A  D  Q  A  I  U  O  U  E
X  A  K  Ţ  Y  N  O  R  T  A  C  D  X  N  U  N
P  U  Y  X  C  I  C  E  Y  E  Ă  Y  B  I  V  G
N  U  C  L  E  A  R  P  Y  R  L  U  F  L  Y  A
O  M  I  Y  X  W  R  M  H  S  D  O  T  A  V  Z
B  G  G  X  D  R  M  E  F  A  U  L  E  C  F  B
R  N  U  I  E  X  P  T  Q  L  R  D  E  L  W  C
A  D  E  W  D  Ţ  B  N  E  N  Ă  Q  W  A  Z  D
C  A  T  A  L  I  Z  A  T  O  R  C  L  O  R  C
E  X  O  Z  U  T  B  J  C  I  N  A  G  R  O  D
```

ACID	HIDROGEN
ALCALIN	ION
ATOMIC	LICHID
CĂLDURĂ	MOLECULĂ
CARBON	NUCLEAR
CATALIZATOR	ORGANIC
CLOR	OXIGEN
ELECTRON	GREUTATE
ENZIMĂ	SARE
GAZ	TEMPERATURA

52 - Api

```
F E D C Ț I O I N O M D H W E K
N K L K H N N H Ț B C K O E C P
B Y L G N A S S Z S C D U T O L
P J H Q T A I N S E C T Ă N S A
B Ț N Q M R P S T S I R N E I N
R L R Ă N I D Ă R G F H I M S T
E A D S E P R Q K V E C G I T E
F P H S L I U O O R N O E L E U
G U A X O O W Q L O E R R A M C
M T M F P R E O N F B Ț M S R T
T S D I V E R S I T A T E I I Ă
M F R U C T A T I B A H M U H A
Y A K Ț R K O R Y Z C X D L R B
H R V X H K S B C Q P R N U P N
V K M X V Q B M I E R E J B G N
X L H D A D F S N Ț T B A T E Q
```

ARIPI	GRĂDINĂ
STUP	HABITAT
BENEFIC	INSECTĂ
CEARĂ	MIERE
ALIMENTE	PLANTE
DIVERSITATE	POLEN
ECOSISTEM	REGINĂ
FLORI	ROI
FRUCT	SOARE
FUM	

53 - Strumenti Musicali

```
F  L  E  C  P  K  D  Ă  G  Y  J  P  J  N  M  F
A  Z  M  L  L  E  R  Ț  O  J  N  A  B  K  A  F
E  Y  T  H  W  A  R  U  N  Y  V  P  E  V  N  Q
R  Z  E  Q  K  B  R  C  G  T  F  Y  F  E  D  N
C  P  Y  G  D  M  P  I  U  H  A  R  P  Ă  O  X
P  H  Q  I  B  I  Q  Z  N  Ț  O  O  V  R  L  M
L  K  I  B  R  R  Z  U  O  E  I  E  I  A  I  T
Ă  B  O  T  B  A  G  M  F  N  T  E  O  O  N  R
N  I  B  O  A  M  O  S  O  C  U  Y  L  I  Ă  O
I  I  O  G  Q  R  O  M  X  D  A  K  O  V  T  M
R  O  P  A  U  S  Ă  P  A  J  L  U  N  W  E  B
U  P  C  F  N  D  V  I  S  L  F  Z  C  P  P  O
B  E  A  U  W  A  F  A  K  S  M  Ț  E  H  M  N
M  Z  D  H  V  C  Z  N  T  F  B  G  L  S  O  V
A  Y  P  E  R  N  A  F  U  K  G  J  K  K  R  I
T  M  D  E  B  X  E  B  X  Z  J  D  Ț  M  T  X
```

MUZICUȚĂ	OBOI
HARPĂ	PERCUȚIE
BANJO	PIAN
CHITARĂ	SAXOFON
CLARINET	TAMBURINĂ
FAGOT	TOBĂ
FLAUT	TROMPETĂ
GONG	TROMBON
MANDOLINĂ	VIOARĂ
MARIMBA	VIOLONCEL

54 - Professioni #2

```
Ț V B R P I Q J O H D Ț R D V Ț
Y A I I O I B R R A N I D Ă R G
S S O N D T L Y K T R U Ț V O R
Ț T L G O E A O Z Ț H H W F T U
P R O I C J N T T I Y F L G A R
C O G N U K S T N R M C I F G I
E N O E H Q I V I E Ț V N U I H
R A L R C Y L O U S V P G Q T C
C U O O T Q U Ț Q F T N V T S R
E T O T H K S H N J J C I D E M
T Y Z C D D T V K A L T S V V X
Ă X Z I F A R G O T O F T K N L
T O L P U R A C E T O I L B I B
O S T Ț Ț L T J U R N A L I S T
R R O W H F O Z O L I F N Ț P H
W B B N G Q R O S E F O R P L B
```

ASTRONAUT	INGINER
BIBLIOTECAR	PROFESOR
BIOLOG	INVENTATOR
CHIRURG	INVESTIGATOR
DENTIST	LINGVIST
FILOZOF	MEDIC
FOTOGRAF	PILOT
GRĂDINAR	PICTOR
JURNALIST	CERCETĂTOR
ILUSTRATOR	ZOOLOG

55 - Letteratura

```
B Q U G G B Q M T I R L J O C E
A N A L O G I E I Z U L C N O C
A O C I L U S O C F S T N Y G D
N P K T A F W P I B M B E L E E
E I B S I Ă E W C R E G E M N S
C N M A D R Z B P O E T I C Ă C
D I J H S O J I V T B X Ț Y I R
O E S P E F P O L U W Ț A A J I
T I R K A A L G N A M O R B Y E
Ă D I X T T A R G Q N G A O W R
A E M F V E S A J Ț A A P H F E
P G Ă K I M A F V Q U G M F G W
J A N G B R Z I C R J Y O Z U P
I R S O C H D E W A X E C X Z J
Y T L I O W M A O D F G J I Y Y
L P Ț J D Ț Ț F R G O M G W H T
```

ANALIZĂ
ANALOGIE
ANECDOTĂ
AUTOR
BIOGRAFIE
CONCLUZIE
COMPARAȚIE
DESCRIERE
DIALOG
GEN

METAFORĂ
OPINIE
POEM
POETIC
RIMĂ
RITM
ROMAN
STIL
TEMĂ
TRAGEDIE

56 - Cibo #2

```
C  R  J  T  Z  I  T  Ț  V  J  W  D  C  T  P  V
I  Ă  O  V  Â  N  Ă  T  Ă  K  I  W  I  T  Â  Z
R  M  I  Ș  J  I  W  W  Y  N  R  I  R  W  I  P
E  M  A  Y  I  U  P  S  Z  F  U  Â  R  G  N  E
A  W  U  Ț  L  E  Z  R  Z  O  G  C  U  I  E  Ș
Ș  S  R  S  O  V  D  X  S  V  U  I  F  C  C  T
Ă  K  T  E  C  G  K  C  Z  E  R  O  Q  P  Z  E
U  Z  Z  K  C  M  R  D  Ț  A  T  C  O  G  F  D
B  S  N  U  O  L  D  H  R  J  S  O  L  E  N  V
H  R  O  S  R  B  A  N  A  N  Ă  L  N  T  Y  X
T  W  Â  V  B  F  U  L  M  H  Ț  A  A  K  S  L
N  G  O  N  R  K  K  P  O  I  E  T  K  V  H  J
U  Z  D  H  Z  Q  J  K  X  L  L  Ă  O  S  N  L
A  A  M  A  G  Ă  C  N  U  Ș  I  B  T  O  W  H
C  I  U  P  E  R  C  Ă  E  E  N  L  R  H  M  L
E  H  G  V  W  Ț  H  W  C  G  Ă  O  Y  Z  H  T
```

BANANĂ	PÂINE
BROCCOLI	PEȘTE
CIREAȘĂ	PUI
CIOCOLATĂ	ROȘIE
BRÂNZĂ	ȘUNCĂ
CIUPERCĂ	OREZ
GRÂU	ȚELINĂ
KIWI	OU
MĂR	STRUGURI
VÂNĂTĂ	IAURT

57 - Nutrizione

```
F O E I V O E C I F I L U R A G
E A C A V L I O E S Y G Q Q A L
R E H B Ă N I M A T I V J F C U
M Q I J J C A E T A T U E R G C
E D L N I D E S O S R O I A P I
N T I B U S O T Ă N Ă S J M Y D
T E B A R Q S I N N X D L A E E
A I R R O O W B I E T E F Ţ Y Q
Ţ D A A J Ţ S I X B M N H Q Z D
I I T C Ţ P L L O B H I G F B I
E G W C S Ă N Ă T A T E D M N E
O E T A T I L A C Y I T T N W T
T S L I C H I D E H T O A V O Ă
E T N E I R T U N R E R H L O C
Y I I R O L A C B I P P K P Z G
C E R X Q J X X M P A U Z Y O B
```

AMAR
APETIT
ECHILIBRAT
CALORII
GLUCIDE
COMESTIBIL
DIETĂ
DIGESTIE
FERMENTAŢIE
LICHIDE

NUTRIENT
GREUTATE
PROTEINE
CALITATE
SOS
SĂNĂTATE
SĂNĂTOS
CONDIMENTE
TOXINĂ
VITAMINĂ

58 - Matematica

```
P  Ă  Ţ  N  I  R  E  F  M  U  C  R  I  C  U  E
A  O  J  E  O  V  D  V  V  Q  P  E  Ţ  A  N  C
R  G  P  Y  Ţ  G  V  J  V  J  A  N  X  R  G  U
A  E  A  P  E  R  I  M  E  T  R  U  D  I  H  A
L  O  R  O  I  U  V  L  Q  G  O  I  R  T  I  Ţ
E  M  A  G  R  R  P  D  O  Q  F  Ţ  E  M  U  I
L  E  L  K  T  T  A  Ă  Z  P  P  C  P  E  R  E
E  T  E  C  E  E  I  Z  T  H  N  A  T  T  I  X
X  R  L  R  M  M  N  O  Ă  R  L  R  U  I  U  T
P  I  O  L  I  A  Ţ  L  Y  D  A  F  N  C  R  Y
O  E  G  Q  S  I  O  C  Y  N  M  T  G  Ă  B  X
N  Ţ  R  E  W  D  Y  F  J  S  I  P  H  E  W  Y
E  F  A  C  Ţ  S  U  M  Ă  X  C  H  I  M  U  G
N  D  M  U  L  O  V  J  C  Z  E  X  Ţ  T  T  Z
T  G  B  D  X  D  C  D  J  R  Z  D  Ţ  Ţ  O  G
T  R  I  U  N  G  H  I  B  L  W  X  N  W  E  X
```

UNGHIURI
ARITMETICĂ
CIRCUMFERINŢĂ
ZECIMAL
DIAMETRU
ECUAŢIE
EXPONENT
FRACŢIUNE
GEOMETRIE
PARALEL

PARALELOGRAM
PERIMETRU
POLIGON
PĂTRAT
RAZĂ
DREPTUNGHI
SIMETRIE
SUMĂ
TRIUNGHI
VOLUM

59 - Meditazione

```
C  O  P  J  P  R  E  I  Ț  A  R  I  P  S  E  R
O  B  O  D  E  B  Y  Ţ  E  T  A  T  Ă  N  U  B
M  S  S  C  R  C  H  O  R  E  C  A  P  H  K  A
P  E  T  C  S  M  X  B  E  N  U  W  Ţ  Y  P  C
A  R  U  L  P  N  I  P  C  Ţ  R  B  N  R  F  C
S  V  R  A  E  Ţ  R  N  Ă  I  I  Ţ  O  M  E  E
I  A  Ă  R  C  R  U  L  T  E  X  Q  W  C  A  P
U  R  R  I  T  V  D  T  N  E  I  A  R  C  B  T
N  E  U  T  I  L  N  W  H  X  V  J  Z  E  M  A
E  K  T  A  V  R  Â  M  U  X  I  X  V  P  V  R
W  F  A  T  Ă  D  G  C  I  B  H  Y  Z  S  G  E
F  X  N  E  Ă  Ţ  N  I  T  Ş  O  N  U  C  E  R
Y  K  P  L  H  F  S  B  S  Ă  C  I  Z  U  M  G
F  R  J  A  O  B  P  A  G  V  L  A  T  N  E  M
Ţ  Y  R  R  E  J  N  C  A  L  M  W  R  K  D  C
R  J  D  C  D  I  V  N  C  B  L  B  B  E  A  C
```

ACCEPTARE	MIȘCARE
ATENȚIE	MUZICĂ
CALM	NATURĂ
CLARITATE	OBSERVARE
COMPASIUNE	PACE
EMOȚII	GÂNDURI
BUNĂTATE	POSTURĂ
RECUNOȘTINȚĂ	PERSPECTIVĂ
MENTAL	RESPIRAȚIE
MINTE	TĂCERE

60 - Elettricità

```
P  N  Ţ  U  T  U  Ţ  S  R  B  C  D  V  P  C  O
B  O  O  A  H  Y  Q  B  Q  B  E  F  O  D  H  J
A  F  Z  C  D  E  P  O  Z  I  T  A  R  E  H  V
T  E  O  I  P  R  I  Z  Ă  P  M  A  L  R  A  X
E  L  B  R  T  E  N  G  A  M  U  A  J  I  G  X
R  E  I  T  V  I  T  A  G  E  N  B  Ţ  F  Y  X
I  T  E  C  E  B  V  C  A  N  T  I  T  A  T  E
E  E  C  E  K  H  R  Z  E  Ţ  O  T  B  I  J  C
M  H  T  L  P  E  M  U  Ţ  Ţ  R  Z  Ţ  Y  K  A
D  U  E  Ţ  C  A  E  E  M  I  W  T  Ţ  X  B
Z  L  A  S  E  R  R  N  R  Y  L  E  U  I  A  L
S  J  L  X  G  E  C  H  I  P  A  M  E  N  T  U
E  L  E  C  T  R  I  C  I  A  N  I  G  H  D  I
G  E  N  E  R  A  T  O  R  K  G  A  G  W  Y  Y
O  K  T  E  L  E  V  I  Z  I  U  N  E  R  A  J
V  Q  S  S  Y  I  A  H  S  U  Z  Ţ  W  K  P  N
```

ECHIPAMENT	LASER
BATERIE	MAGNET
CABLU	NEGATIV
DEPOZITARE	OBIECTE
ELECTRICIAN	POZITIV
ELECTRIC	PRIZĂ
FIRE	CANTITATE
GENERATOR	REŢEA
LAMPĂ	TELEFON
BEC	TELEVIZIUNE

61 - Antiquariato

```
L D L Q C C N E O B I Ș N U I T
I I E I R E L A G Y S U F M Y N
T F C C V E C H I D C Y C I Z A
S S L I O E O E T M U H G Q B G
B E O T T R T T S B L B A I U E
N C J N C A A A Q P P P R E Ț L
I M Y E K O Ț T Y X T R E D D E
N L L T L L R I I P U E I E U Y
V H L U M A A L E V R S L N U U
E L Ț A L V X A I E Ă T I O C U
S F B H B W O C I B T A B M Y A
T L W U T Ț V O N Q R U O D I G
I C O N D I Ț I E E A R M V G H
Ț T C C T L N R C L C A Z H N X
I W Y Q E R F H E A X R B Y K O
I M A K I S B Y D Y M E N Y Z L
```

ARTĂ
LICITAȚIE
AUTENTIC
CONDIȚIE
DECENII
DECORATIV
ELEGANT
GALERIE
NEOBIȘNUIT
INVESTIȚII

MOBILIER
MONEDE
PREȚ
CALITATE
RESTAURARE
SCULPTURĂ
SECOL
STIL
VALOARE
VECHI

62 - Escursionismo

```
M Y S H Q I H O E I Y L Q D J O
S Ă L B A T I C R S M P L R F G
X H J L T H G F I R U D I H G
H N Y T H Y V G U G E M Z I C P
A A Q H M R Y P S J S N Y W D W
R T G S B E Ţ T Z M G A T Z R X
T U R V H R P A R C U R I A Y B
Ă R E Z R T A M I L C V A Y R K
G Ă U U Ţ E L O C I R E P P T E
G Q A E R I T Ă G E R P M T Ă J
L W C A M P I N G S T Â N C Ă R
S O A R E E Ţ O U I Q T B V A M
M R S M C D Y Y T M B V J L C X
X Z X W P A N I M A L E D I U R
Q Q M S H N J F K S U M M I T I
E O B O S I T D L I K H P Z S N
```

APĂ
ANIMALE
CAMPING
CLIMAT
GHIDURI
HARTĂ
MUNTE
NATURĂ
ORIENTARE
PARCURI

PERICOLE
GREU
PIETRE
PREGĂTIREA
STÂNCĂ
SĂLBATIC
SOARE
OBOSIT
CIZME
SUMMIT

63 - Professioni #1

```
E  Y  O  P  L  X  P  S  I  H  O  L  O  G  Z  B
K  C  K  Z  J  W  V  E  T  E  R  I  N  A  R  I
B  F  A  R  M  A  C  I  S  T  S  I  N  A  I  P
A  I  D  A  W  C  A  V  O  C  A  T  Q  Z  U  M
N  T  J  A  Ă  A  B  R  E  H  C  N  A  B  U
T  X  B  U  O  Ț  L  R  O  T  I  D  E  V  M  Z
R  B  L  Ț  T  N  Q  A  T  M  Z  S  U  R  H  I
E  Y  H  E  A  I  X  N  Ă  O  K  E  M  X  E  C
N  V  F  N  L  I  E  I  N  N  G  D  T  U  C  I
O  W  T  H  A  T  K  R  Â  O  O  R  J  W  I  A
R  J  R  P  T  Ș  U  A  V  R  L  C  A  X  Y  N
S  Z  T  M  S  E  V  M  I  T  O  S  B  F  E  H
U  W  D  U  N  D  S  Q  E  S  E  S  U  Ț  Z  R
B  D  P  Ț  I  M  F  B  G  A  G  L  X  E  W  G
F  Q  M  E  K  O  A  R  T  I  S  T  N  J  N  K
D  A  N  S  A  T  O  R  O  D  A  S  A  B  M  A
```

ANTRENOR	FARMACIST
AMBASADOR	GEOLOG
ARTIST	BIJUTIER
ASTRONOM	INSTALATOR
AVOCAT	MARINAR
DANSATOR	MUZICIAN
BANCHER	PIANIST
VÂNĂTOR	PSIHOLOG
CARTOGRAF	OM DE ȘTIINȚĂ
EDITOR	VETERINAR

64 - Antartide

```
M  G  Ț  X  L  D  S  M  D  N  G  H  W  R  M  N
F  E  H  S  O  M  T  F  E  Z  H  Z  U  L  N  O
S  G  D  E  D  E  I  Ț  I  D  E  P  X  E  T  R
A  P  Ă  I  A  J  G  V  I  R  Ț  Ț  F  X  T  I
Q  C  X  X  U  Ț  W  O  Z  Z  A  N  B  R  N  G
H  Q  G  W  Q  X  Ă  S  L  D  R  F  D  V  E  N
G  E  O  G  R  A  F  I  E  F  I  W  E  I  N  H
G  N  H  B  Ț  A  Ș  T  I  I  N  Ț  I  F  I  C
G  E  R  A  V  R  E  S  N  O  C  E  Ț  A  T  I
Z  L  S  T  Â  N  C  O  S  L  E  L  A  N  N  N
K  A  E  W  A  T  Q  Q  V  J  J  A  R  X  O  S
J  B  C  E  R  C  E  T  Ă  T  O  R  G  M  C  U
T  E  M  P  E  R  A  T  U  R  A  E  I  R  Ț  L
T  O  P  O  G  R  A  F  I  E  R  N  M  W  N  E
H  Z  H  B  E  R  K  B  H  G  A  I  H  E  Z  X
P  E  N  I  N  S  U  L  Ă  L  Y  M  P  S  F  G
```

APĂ	MIGRAȚIE
MEDIU	MINERALE
GOLF	NORI
BALENE	PENINSULĂ
CONSERVARE	CERCETĂTOR
CONTINENT	STÂNCOS
GEOGRAFIE	ȘTIINȚIFIC
GHEȚARI	EXPEDIȚIE
GHEAȚĂ	TEMPERATURA
INSULE	TOPOGRAFIE

65 - Libri

```
C N A R A T O R Q I P O E Z I E
A O A R O M U E D N I L P L V R
Y F L V O H K U R V G T U F U E
H T T E E U L S G E I R E S B L
J W A L C N A Ţ P N I C E Ă Y E
O F Z D I Ţ T O U T I J X N W V
U Z K I M T I U N I S C R I S A
X D Y U D C E E R V D I O G B N
Q B Ţ B J O K R B Ă N P T A G T
A U T O R N I M A Ţ A E I P R Z
N J F P C T Z R M R H T T C O Ţ
H J S F E E C I R O T S I H M G
I A X Y Z X X O L I F E C T A L
B P M O U T K I V U Z V P F N Y
D U A L I T A T E H H O X R V L
I N T R A G I C K Z W P Q S H Q
```

AUTOR
AVENTURĂ
COLECŢIE
CONTEXT
DUALITATE
EPIC
INVENTIV
LITERAR
CITITOR
NARATOR

PAGINĂ
POEZIE
RELEVANT
ROMAN
SCRIS
SERIE
POVESTE
ISTORIC
TRAGIC
PLIN DE UMOR

66 - Geografia

```
H  Ș  N  V  B  L  M  E  C  I  Y  M  I  V  T  G
S  A  M  A  R  E  U  I  N  S  U  L  Ă  Z  A  Z
L  R  R  S  U  D  N  Z  U  D  U  D  T  S  E  V
C  O  W  T  W  Z  T  R  E  G  I  U  N  E  N  S
E  Q  E  X  Ă  L  E  E  B  M  R  Â  E  Z  I  P
N  M  N  C  U  Q  C  J  C  E  O  R  N  M  D  U
I  S  I  Y  D  F  Z  Z  G  R  T  J  I  W  U  N
D  P  D  S  N  O  R  D  K  I  I  M  T  X  T  L
U  Y  U  A  F  Ț  A  R  Ă  D  R  I  N  B  I  B
T  D  T  L  J  E  E  C  B  I  E  K  O  J  G  G
I  T  I  T  D  P  R  C  F  A  T  C  C  B  N  A
T  W  T  A  L  L  N  Ă  M  N  A  V  R  H  O  N
L  Q  A  X  S  J  E  N  N  U  C  S  E  U  L  E
A  J  L  V  R  B  K  M  K  L  E  M  M  H  M  S
G  R  D  R  H  P  N  W  X  Ț  J  M  Q  X  P  A
I  H  J  R  T  V  Y  G  M  I  Ț  F  Z  J  M  X
```

ALTITUDINE	MARE
ATLAS	MERIDIAN
ORAȘ	LUME
CONTINENT	MUNTE
EMISFERĂ	NORD
RÂU	VEST
INSULĂ	ȚARĂ
LATITUDINE	REGIUNE
LONGITUDINE	SUD
HARTĂ	TERITORIU

67 - Cibo #1

```
C O I U S U B E H M E J S R X I
U A Z C E H I I Y G O F N P S I
S E R A S Z R Â T J Y R Ţ D I N
S C O N S S X M L Z O I C Ţ T L
C J X A E A C Ă P Ș U N Ă O T U
O L Q P Ţ A L L A O Z I T P V Z
R Z Y S T N W A N T A W N G T G
Ţ T F B O D E R T M M H E M B U
I W G L N W S O W Ă Ţ K M U V S
Ș H H A X U L A Ţ R Z A H Ă R T
O T P U R A Z Q S A B L N S G U
A C C X S F W L Ă P A E C U A R
R D E Q K K Ţ T U D W B E Q I O
Ă R J Q L M J O C N M O Q Y Z I
Z P P Z L U U R T L A P T E H M
D I H T C V B T B P U K F M J T
```

USTUROI	MENTĂ
BUSUIOC	ORZ
SCORȚIȘOARĂ	PARĂ
CARNE	NAP
MORCOV	SARE
CEAPĂ	SPANAC
CĂPȘUNĂ	SUC
SALATĂ	TON
LAPTE	TORT
LĂMÂIE	ZAHĂR

68 - Etica

```
R A Ț I O N A L I T A T E M E W
M T T U S O V A L O R I Q S W K
S K G E T J X Z Q R V G J I H N
I A U T W J E U P I E S M U G S
L E O A E R A R E P O O C R D O
A N X T N O B E S I K P Y T B P
U M E Ă U R E Z O N A B I L Y R
D E M N I T A T E R Ă B D A R E
I I S U C I T A M O L P I D F T
V F I B P F O N E S T I T A T E
I O L D E I N T E G R I T A T E
D Z A Q L U M A N I T A T E G J
N O E F E H Z T O L E R A N Ț Ă
I L R Y Ț C O M P A S I U N E Ț
V I P S N R E S P E C T U O S G
Q F O C Î O P T I M I S M X E B
```

ALTRUISM
COMPASIUNE
COOPERARE
DEMNITATE
DIPLOMATIC
FILOZOFIE
BUNĂTATE
INDIVIDUALISM
INTEGRITATE
ONESTITATE

OPTIMISM
RĂBDARE
REZONABIL
RAȚIONALITATE
REALISM
RESPECTUOS
ÎNȚELEPCIUNE
TOLERANȚĂ
UMANITATE
VALORI

69 - Aeroplani

```
B W H M U V A R J W C M R L Y Q
Z A S I C O N S T R U C Ț I E R
L T L E D A I Y L E P Q A B M O
S P S O Z R E A C C N B X I I S
T I W U N E O D Ț G R H N T Ț C
I S T O R I E G C K B E A S L O
L A T Z E Ț N P E J L D V U Ă B
A V U C G C I I V N L V I B N O
T E R M A E D L A Y M A G M Î R
M N B Z S R U O O J N O A O J Â
O T U N A I T T Q W P D T C I R
S U L X P D I J P D E D Ț O T E
F R E K N F T X E U Y O O Ț R Q
E Ă N K W L L A T E R I Z A R E
R D Ț I X J A P I H C E Ț S J O
Ă F Ă E N P R Ț K H Z R Z G K K
```

ÎNĂLȚIME	COBORÂRE
ALTITUDINE	ECHIPAJ
AER	HIDROGEN
ATMOSFERĂ	MOTOR
ATERIZARE	NAVIGA
AVENTURĂ	BALON
COMBUSTIBIL	PASAGER
CER	PILOT
CONSTRUCȚIE	ISTORIE
DIRECȚIE	TURBULENȚĂ

70 - Governo

```
C E R E T A T I L A G E E K F N
R O L F C C N L W E W C V F K A
Ț Z N V Y Z I O O P G A A O O Ț
I C N S E R I B R O V E M F L I
N E M U T E O M Y Ț J W X C U O
D T O W A I C I I J F R A A Q N
E Ă N K T A T S D U D P L B F A
P Ț U R P C I U J U R I D I C L
E E M X E H B G Ț N A Ț I U N E
N N E O R Ț L Y A I L I D E R I
D I N N D X U X P V E J I D N Ț
E E T A T R E B I L E J N P X U
N P O L I T I C Ă V A Z N M E C
Ț Ț L Z D E M O C R A Ț I E Q S
Ă F V U H W Y C I V I L H V W I
L D I S T R I C T V C B V T T D
```

LIDER
CETĂȚENIE
CIVIL
CONSTITUȚIE
DEMOCRAȚIE
VORBIRE
DISCUȚIE
JURIDIC
DREPTATE
INDEPENDENȚĂ

LEGE
LIBERTATE
MONUMENT
NAȚIONAL
NAȚIUNE
POLITICĂ
DISTRICT
SIMBOL
STAT
EGALITATE

71 - Bellezza

```
F O A R F E C E J K A Ă S L G Ţ
D F P G T S I L I T S Ţ J R R J
G O S I U U Z Z H U Y N R Ș A Y
P G N J K D R Ţ Q W L A I A Ţ T
D L O Z H O G F W P G G I M I G
Q I D E U R J F A R M E C P E Y
B N J R T P U F U F J L I O E E
N D G A O N R R O X U E V N K Q
J Ă C O S M E T I C E R R L R C
B U C L E R Y F O T O G E N I C
P V R U S C I Ţ Y K A C S Z R G
I Ţ J C Q F M M U F R A P X U A
E J L A G R Q I E Q Q G F W I L
L Ţ M K Z G Y P R L E D N G E U
E G S L C J A Y X O V K Ţ A L G
Z D M E L E G A N T S J I J U V
```

CULOARE
COSMETICE
ELEGANT
ELEGANȚĂ
FARMEC
FOARFECE
FOTOGENIC
PARFUM
GRAȚIE
RIMEL

ULEIURI
PIELE
PRODUSE
MIROS
BUCLE
RUJ
SERVICII
ȘAMPON
OGLINDĂ
STILIST

72 - Avventura

```
L X Y T R A E R I T Ă G E R P Q
K U R E T I U N Ș I B O E N L D
B K O Y A W K L T N O U G N X B
L G B G W E Ț E S U M U R F F G
K C E G I C A Y D P Z A N S Y H
J J T W N Y D I N O D I M F P W
N E A S E C P O D F Ț F A R P S
A E T A T I N U T R O P O S Ț I
V O I A E I Ț A N I T S E D M G
I O V S I P E R I C U L O S F U
G Ț I Ă R U T A N P Ț S Q T C R
A G T Y P U P R O V O C Ă R I A
R Ț C Ț R X C I T I N E R A R N
E J A R U C D X H B X A L Q M Ț
Z Z B U C U R I E A V Q Ț I F Ă
Q D I F I C U L T A T E K T Z Ț
```

PRIETENI
ACTIVITATE
FRUMUSEȚE
CURAJ
DESTINAȚIE
DIFICULTATE
ENTUZIASM
EXCURSIE
BUCURIE
NEOBIȘNUIT

ITINERAR
NATURĂ
NAVIGARE
NOU
OPORTUNITATE
PERICULOS
PREGĂTIREA
PROVOCĂRI
SIGURANȚĂ

73 - Forme

```
Ţ  A  S  E  T  R  A  P  P  H  T  O  E  C  W  Q
Y  O  Ţ  L  O  C  D  I  R  I  B  N  O  U  Ţ  S
T  A  D  I  I  V  R  T  I  P  F  X  R  R  D  J
V  Ţ  G  P  H  K  K  A  S  E  E  Q  X  B  V  I
E  T  L  S  G  S  X  T  M  R  C  O  N  Ă  B  L
K  P  A  Ă  N  M  I  Ţ  Ă  B  O  P  Q  G  D  W
X  H  I  R  U  N  A  U  X  O  F  T  B  H  T  D
B  O  N  E  T  Q  F  R  J  L  A  V  O  T  U  Z
N  S  I  F  P  Ă  S  D  G  Ă  Z  C  U  R  C  Y
I  C  L  S  E  G  P  N  F  I  O  L  R  I  O  U
M  U  E  Q  R  Ţ  G  I  S  S  N  Ţ  Q  U  A  V
W  B  G  G  D  U  N  L  V  J  B  I  Y  N  Q  M
P  O  L  I  G  O  N  I  F  C  R  M  Q  G  O  Z
W  E  S  C  T  I  F  C  D  E  L  O  R  H  H  W
P  I  R  A  M  I  D  Ă  B  R  H  C  M  I  T  D
X  Q  R  U  T  X  Z  D  A  C  J  O  L  U  Q  H
```

COLŢ	PARTE
ARC	LINIA
MARGINI	OVAL
CERC	PIRAMIDĂ
CILINDRU	POLIGON
CON	PRISMĂ
CUB	PĂTRAT
CURBĂ	DREPTUNGHI
ELIPSĂ	SFERĂ
HIPERBOLĂ	TRIUNGHI

74 - Oceano

```
S O B B P E Ş T E U M W M D W V
R A W A A Z K Y I R N S O E C A
W J R W R L L D U M Z D B L A L
S S W E X C E N I H C E R F R U
M E D U Z E Ă N W C O I R I A R
X L B U R E T E Ă A R Z E N C I
C R E V E T Ă N L Z A O C M A X
A L G E S N W I D W L G I S T Ţ
H T O N I K K V E S S L F T I S
Ţ A W Q X W Ă B F D Ţ B K R Ţ P
A E B X R A N G H I L Ă M I Ă S
S C J L Ţ V U Q M Y D Y A D E Y
W E F M H J T J W S X J R I S M
Ţ Y Ţ F S U R T A I D G E E R T
X Y Z H M L U B Y Q C G E W Ţ E
Ţ S C R A B F W P W I B N T R V
```

ALGE
ANGHILĂ
BALENĂ
BARCĂ
CORAL
DELFIN
CREVETĂ
CRAB
MAREE
MEDUZE

VALURI
STRIDIE
PEŞTE
CARACATIŢĂ
SARE
RECIF
BURETE
RECHIN
FURTUNĂ
TON

75 - Famiglia

```
S  L  A  M  T  L  J  D  N  C  B  Ţ  P  L  F  N
B  G  S  G  R  X  Z  B  G  G  P  U  O  V  I  Y
I  Z  I  O  D  K  A  A  F  H  H  Ţ  T  V  I  Ţ
Ţ  R  N  B  B  D  X  P  K  V  Ţ  H  Q  F  C  Ţ
H  E  L  U  Ţ  O  S  W  P  D  Q  K  Z  F  A  I
R  L  N  N  R  E  T  A  P  Y  O  O  F  K  B  S
N  D  L  I  P  O  C  I  N  U  B  D  R  K  T  K
Z  E  C  C  Ţ  Y  Q  H  Z  S  B  Q  A  G  N  I
Ţ  I  P  A  R  O  S  C  L  T  Y  O  T  L  E  M
Q  R  M  O  I  F  V  N  M  R  Ă  V  E  Y  P  D
U  Ă  G  A  A  L  W  U  V  Ă  T  A  T  D  O  E
R  L  K  T  T  T  C  O  M  M  Ş  U  C  T  T  X
W  I  S  D  P  E  Ă  V  A  O  Q  U  W  Z  N  A
P  P  S  N  E  Q  R  F  M  Ş  Ţ  L  T  U  D  G
X  O  S  O  Ţ  I  E  N  Ă  D  D  V  Z  Ă  W  S
X  C  A  V  V  Ţ  R  Z  F  H  O  P  S  G  M  Ţ
```

STRĂMOŞ   NEPOT
COPIL   NEPOATĂ
VĂR   BUNICA
FIICA   BUNIC
FRATE   TATĂ
COPILĂRIE   PATERN
MAMĂ   SORA
SOŢUL   MĂTUŞĂ
MATERN   UNCHI
SOŢIE

76 - Creatività

```
X  I  I  Ț  O  M  E  T  A  T  I  D  I  U  L  F
U  D  I  I  S  E  I  Ț  A  N  I  G  A  M  I  I
H  E  N  C  C  T  Q  M  Ț  C  E  U  Î  Z  V  M
K  I  S  C  L  A  R  I  T  A  T  E  N  I  I  P
I  T  P  B  O  T  W  D  W  H  D  I  D  K  T  R
N  V  I  C  P  I  V  Y  N  S  I  Ț  E  E  A  E
T  P  R  K  S  C  I  Y  T  N  K  A  M  X  L  S
E  K  A  Q  S  I  T  N  J  Q  F  Z  Â  P  I  I
N  G  Ț  N  C  T  N  V  T  H  W  N  N  R  T  E
S  M  I  R  I  N  E  Y  I  U  F  E  A  E  A  N
I  T  E  Z  T  E  V  X  B  Z  I  S  R  S  T  I
T  F  O  N  A  T  N  O  P  S  I  Ț  E  I  E  G
A  B  A  H  M  U  I  T  Q  R  K  U  I  E  Q  A
T  J  E  T  A  A  C  H  Z  F  A  Q  N  E  D  M
E  Y  H  A  R  T  I  S  T  I  C  O  Y  I  P  I
P  L  K  F  D  D  V  V  X  E  U  Z  P  Ț  V  R
```

ÎNDEMÂNARE
ARTISTIC
AUTENTICITATE
CLARITATE
DRAMATIC
EMOȚII
EXPRESIE
FLUIDITATE
IDEI
IMAGINAȚIE

IMAGINE
IMPRESIE
INTENSITATE
INTUIȚIE
INVENTIV
INSPIRAȚIE
SENZAȚIE
SPONTAN
VIZIUNI
VITALITATE

77 - Veicoli

```
R A U B M T C W P X G J Z W E Z
Z N H Q M R B A V R U F J B L A
Z O E K A A D I R E T U C S I B
O I P R U C R X C A D E Y E C F
Ț M O M T T A A J I V Z T O O A
U A L Q O O C T X X C A R S P M
L C E Z B R H G N G Ă L N N T S
Y R V R U K E G B A C S E Ă E L
E Ț N N Z K T H C Y R J U T R M
S C A H R P Ă O Ț M A G R U Ă A
M C Y A T Ț D Ț V A B Ț I L H Ș
X C U V M C D Ț L D R C N P Ț I
M J K I M M S I O W P J G H U N
U K Ț O Y S U B M A R I N F P Ă
Z N X N A M B U L A N Ț Ă W A J
M E T R O U M O T O R U R X K Y
```

AVION	MOTOR
AMBULANȚĂ	ANVELOPE
MAȘINĂ	RACHETĂ
AUTOBUZ	SCUTER
BARCĂ	SUBMARIN
BICICLETĂ	TAXI
CAMION	BAC
CARAVANĂ	TRACTOR
ELICOPTER	TREN
METROU	PLUTĂ

78 - Emozioni

```
T  S  F  I  I  I  D  B  L  Y  L  E  O  I  E  P
R  A  A  U  N  H  R  O  U  T  O  X  E  C  X  L
I  T  A  P  R  G  M  L  A  C  T  Z  T  H  C  I
S  I  I  Q  H  I  C  O  F  B  U  R  A  B  I  C
T  S  N  X  Q  Z  E  C  A  P  G  R  T  M  T  T
E  F  A  N  E  X  T  A  N  E  J  U  I  O  A  I
Ţ  Ă  I  W  G  D  Ș  Q  X  A  G  E  L  E  T  S
E  C  T  X  A  R  I  F  D  Ţ  H  T  I  R  I  E
A  U  D  R  K  I  N  T  Y  V  Y  A  B  I  D  A
R  T  Y  A  Q  I  I  G  P  M  A  T  I  C  R  L
W  U  O  L  K  B  L  F  R  I  C  Ă  S  I  A  Ă
S  U  R  P  R  I  Z  Ă  C  O  J  N  N  R  G  Z
R  E  L  A  X  A  T  J  C  Ţ  G  U  E  E  O  E
V  E  S  I  M  P  A  T  I  E  N  B  S  F  S  C
R  E  C  U  N  O  S  C  Ă  T  O  R  B  W  T  K
C  O  N  Ţ  I  N  U  T  J  N  I  R  V  G  E  I
```

DRAGOSTE   PACE
FERICIRE   FRICĂ
CALM   FURIE
CONŢINUT   RELAXAT
EXCITAT   SIMPATIE
BUNĂTATE   SATISFĂCUT
BUCURIE   SURPRIZĂ
RECUNOSCĂTOR   SENSIBILITATE
JENAT   LINIȘTE
PLICTISEALĂ   TRISTEŢE

79 - Natura

```
S  E  N  I  N  N  B  C  K  D  C  I  T  C  R  A
K  O  E  L  E  N  U  I  Z  O  R  E  R  V  U  T
A  N  I  M  A  L  E  G  B  T  E  Z  A  E  T  R
M  B  M  B  C  V  D  H  U  R  U  N  U  Ț  W  O
Y  V  X  Y  Z  I  R  I  R  O  N  U  T  L  Ă  P
Q  G  H  E  Ț  A  R  Â  N  I  C  R  C  J  R  I
Y  G  F  W  E  E  T  U  U  A  D  F  N  A  V  C
Z  P  Ă  D  U  R  E  M  F  T  M  E  A  L  I  A
U  T  P  S  M  D  T  S  O  R  D  I  S  B  T  L
F  R  U  M  U  S  E  Ț  E  A  U  C  C  I  A  O
L  E  J  S  M  C  C  F  P  D  U  N  N  N  L  G
E  Ș  L  M  N  W  S  T  K  Ă  T  Â  X  E  J  F
G  E  D  Ț  O  D  Ț  M  W  P  M  T  O  L  O  J
Q  D  E  F  E  A  Y  H  I  O  K  S  N  B  E  X
S  T  N  O  N  Y  T  Ț  I  S  H  E  D  E  R  V
N  I  L  A  F  X  C  C  I  T  A  B  L  Ă  S  P
```

ANIMALE	GHEȚAR
ALBINE	CEAȚĂ
ARCTIC	NORI
FRUMUSEȚE	ADĂPOST
DEȘERT	SANCTUAR
DINAMIC	STÂNCI
EROZIUNE	SĂLBATIC
RÂU	SENIN
FRUNZE	TROPICAL
PĂDURE	VITAL

80 - Balletto

```
P O N M V D P Y I G W I C D R O
D R S O I Ț A R G P Ț Y C K E R
X O A L N A J N D C N L V O P C
Ț T E C E Z V I S E R P X E E H
M I L I T I A B P A D S H Q T E
U Z H T A I F R L Q T L B D I S
Ș O S S P B C A E Z L O S O Ț T
C P K I L A P Ă R I O O R X I R
H M H T A L U C A G E S T I E Ă
I O R R U E B I N T E S T I L C
W C I A Z R L Z Â M Q R H T K I
G Y T U E I I U M L O G O O I N
Y Y M K R N C M E L Y U Ț C T H
D Q R B H Ă S D D C S B R Y Z E
Y L E T A T I S N E T N I J A T
P Y A Ț I M Q U Î T P B E V Q F
```

ÎNDEMÂNARE
APLAUZE
ARTISTIC
BALERINĂ
DANSATORI
COMPOZITOR
COREGRAFIE
EXPRESIV
GEST
GRAȚIOS

INTENSITATE
MUȘCHI
MUZICĂ
ORCHESTRĂ
PRACTICĂ
REPETIȚIE
PUBLIC
RITM
STIL
TEHNICĂ

81 - Paesi #1

```
Y G E R M A N I A B E B A L O C
V Q A G E H A A D N A L N I F A
I Ț Z R Q O J I V P I A C B J N
E V W W N P G D B I G G R I N A
T A L E U Z E N E V E E G A B D
N V O H V B T I R Ț V N G V V A
A Z D Q Z K K G Z Y R E Q N S E
M B Z P O G I E Y D O S B M J H
V U K P C T Ț R A I N Â M O R E
V W I M O S Y A A G B E G I P T
Z M A L R L P M J K F Y T L S K
H H S I A E O A I L I Z A R B G
G C M R M A K N N X D D B W X I
S C U Ț Q R Q A I I B W H Ț I J
F Z O Q W S P P C A A F C B X V
L Q M A L I C A M B O D G I A Z
```

BRAZILIA
CAMBODGIA
CANADA
EGIPT
FINLANDA
GERMANIA
INDIA
IRAK
ISRAEL
LIBIA

MALI
MAROC
NORVEGIA
PANAMA
POLONIA
ROMÂNIA
SENEGAL
SPANIA
VENEZUELA
VIETNAM

82 - Geometria

```
F  E  I  R  O  E  T  U  D  X  U  F  P  N  D  H
G  P  C  R  E  C  U  U  W  N  X  L  J  N  I  F
B  D  E  U  R  T  E  M  A  I  D  X  U  U  M  P
E  I  Ă  L  A  T  N  O  Z  I  R  O  N  M  E  A
Y  K  K  T  O  Ţ  D  S  A  N  K  D  G  Ă  N  R
E  I  R  T  E  M  I  S  U  U  U  K  H  R  S  A
C  A  L  C  U  L  H  E  E  P  R  Z  I  C  I  L
L  O  G  I  C  Ă  G  I  C  G  R  S  G  M  U  E
V  Z  F  P  S  N  N  Ţ  U  H  M  A  Y  Y  N  L
E  J  I  X  O  A  U  R  R  S  B  E  F  M  E  L
R  L  H  G  E  I  I  O  B  M  Ţ  M  N  A  T  S
T  J  Ţ  N  F  D  R  P  Ă  V  W  O  W  T  Ţ  Y
I  S  S  D  J  E  T  O  R  I  P  X  Q  Ţ  O  Ă
C  G  W  H  V  M  N  R  Î  N  Ă  L  Ţ  I  M  E
A  H  Q  Z  P  I  G  P  S  L  H  W  Q  S  V  G
L  V  V  O  B  V  X  V  T  R  E  K  S  Q  G  S
```

ÎNĂLŢIME
UNGHI
CALCUL
CERC
CURBĂ
DIAMETRU
DIMENSIUNE
ECUAŢIE
LOGICĂ
MEDIANĂ

NUMĂR
ORIZONTALĂ
PARALEL
PROPORŢIE
SEGMENT
SIMETRIE
SUPRAFAŢĂ
TEORIE
TRIUNGHI
VERTICAL

83 - Foresta Pluviale

```
Ţ R Q S C S C Y A J Ţ T F U T S
R E S T A U R A R E U K U C Ţ U
C O N S E R V A R E E N A C C P
V A L O R O S T T W R M G R E R
N L Z I N D I G E N E I R L D A
C O Q R A W J M T N F P E D Ă V
Y I R Ă Ă P I J U I T W Z R I
Ţ S P I N E I B I F M A P T U E
R E S P E C T H P W A M M B T Ţ
N U T T I H C Ş U M M I Ţ S A U
L L D C C Z K U J L K L X H N I
Ţ B V T E B O T A N I C Ţ H B R
W P K V P S X Ţ O Z W P L X Ţ E
V G Q E S S N R E F U G I U C F
C N N E T A T I S R E V I D Ţ G
C O M U N I T A T E J P Q L Y I
```

AMFIBIENI
BOTANIC
CLIMAT
COMUNITATE
DIVERSITATE
JUNGLĂ
INDIGENE
INSECTE
MAMIFERE
MUŞCHI

NATURĂ
NORI
CONSERVARE
VALOROS
RESTAURARE
REFUGIU
RESPECT
SUPRAVIEŢUIRE
SPECIE
PĂSĂRI

84 - Edifici

```
L R N C A G X W F Q E D S T U D
C A B I N Ă C I R B A F U E N V
X B T O P T Y Ţ N R Ş Z P A I B
H M O I B X D L L K C U E T V X
N A Z U P S S C L E O O R R E Y
Ţ H H D I S E H C R A K M U R U
B M U J C T N R O O L E A W S W
S U S L M Ţ V R V T Ă X R J I D
V Z Z E X M M S L A E P K T T D
S E S T A D I O N R T L E U A K
E U F S M J Ţ A W O V O T R T G
G B W A E J D J J B C T R N E W
F F S C N A K F K A O E F R E C
P E N S I U N E D L R H Ţ F C H
Y Q R Y C T N E M A T R A P A E
E A M B A S A D Ă U E Y V V P Z
```

AMBASADĂ
APARTAMENT
CABINĂ
CASTEL
CINEMA
FABRICĂ
HAMBAR
HOTEL
LABORATOR
MUZEU

SPITAL
OBSERVATOR
PENSIUNE
ŞCOALĂ
STADION
SUPERMARKET
TEATRU
CORT
TURN
UNIVERSITATE

85 - Malattia

```
R  J  J  Q  R  H  N  B  A  L  S  A  N  C  T  Q
E  Q  C  E  X  Ţ  Q  H  U  Z  Q  C  U  O  E  G
S  O  I  G  A  T  N  O  C  N  W  U  K  R  R  U
P  I  M  U  N  I  T  A  T  E  A  T  E  P  A  J
I  E  H  L  O  M  B  A  R  A  B  S  I  I  P  I
R  S  I  L  F  A  X  S  S  P  L  K  T  A  I  I
A  W  Ă  A  H  T  P  K  I  H  B  Ţ  A  A  E  G
T  P  I  N  Ţ  X  G  N  N  H  N  A  P  X  R  R
O  U  V  I  Ă  T  W  X  D  L  X  C  O  C  A  E
R  L  F  M  V  T  H  E  R  A  T  I  R  I  T  L
I  M  P  O  A  D  A  Ă  O  M  L  N  U  T  I  A
I  O  G  D  K  Z  Q  T  M  B  P  O  E  E  D  F
W  N  L  B  Ţ  N  B  V  E  I  K  R  N  N  E  H
Y  A  Ţ  A  Z  X  X  T  S  K  N  C  M  E  R  R
A  R  U  I  T  J  L  U  Ţ  M  R  I  D  G  E  L
Y  F  Z  T  E  S  T  D  W  L  X  R  W  R  N  F
```

ACUT	GENETIC
ABDOMINAL	IMUNITATE
ALERGII	IRITARE
BUNASTARE	LOMBAR
CONTAGIOS	NEUROPATIE
CORP	PULMONAR
CRONIC	RESPIRATORII
INIMĂ	SĂNĂTATE
SLAB	SINDROM
EREDITAR	TERAPIE

86 - Paesi #2

```
Y V Y L Y I D F U I P G U Z R I
U X Z I D M G Z A S U D A N F N
P M G B C J D A C I A M A J B D
A M A E B M O R R L S L T Z M O
J G I R E I R S A N I A R C U N
L W N I L A O S M E X I C D C E
R T A A A I D I E T O P U A S Z
T U T Q P M H N N I A O G L G I
H D S Y E A I E A T V I A B L A
D I I I N K I I D L Q T N A V I
W A K A A H A I T I R E D N X N
Q J A T I S I R I A U I A I S O
A A P J C V N I G E R I A A D P
D U N H E U B O S D X L K D F A
A Q D G R I X P X T M R M G R J
S I E N G W V W F L N F P O D J
```

ALBANIA
DANEMARCA
ETIOPIA
JAMAICA
JAPONIA
GRECIA
HAITI
INDONEZIA
IRLANDA
LAOS

LIBERIA
MEXIC
NEPAL
NIGERIA
PAKISTAN
RUSIA
SIRIA
SUDAN
UCRAINA
UGANDA

87 - Tipi di Capelli

```
V  G  H  I  J  X  M  L  I  M  C  B  L  O  N  D
Î  E  I  X  O  X  C  W  B  S  O  T  Ă  N  Ă  S
M  L  Z  X  A  I  C  A  S  R  L  K  S  W  G  O
P  E  U  T  Ţ  K  Y  Y  P  Ţ  O  R  A  M  C  I
L  H  Ţ  N  Ţ  A  N  Z  V  I  R  G  D  A  A  E
E  C  R  M  G  X  Z  S  Y  C  A  N  X  L  L  I
T  G  Y  Z  B  X  F  T  M  Y  T  X  Q  X  B  A
I  I  R  U  S  C  A  T  B  D  E  T  E  N  L  R
T  O  Ţ  O  V  I  Z  N  U  N  L  Q  Ţ  N  L  G
I  H  G  G  S  T  H  J  C  J  A  P  Q  P  I  I
M  M  B  B  Q  L  P  M  L  L  O  I  V  V  B  N
S  F  K  O  U  P  E  C  E  Q  M  U  A  B  Ţ  T
C  Z  N  E  G  R  U  Ţ  R  X  Q  U  M  Y  F  N
U  Z  K  Ţ  T  F  R  N  L  E  R  I  Ţ  B  U  S
R  C  A  W  B  E  Z  R  Ţ  Q  T  T  A  X  G  Z
T  Î  M  P  L  E  T  I  T  U  R  I  E  O  X  K
```

ARGINT	LUNG
USCAT	MARO
ALB	MOALE
BLOND	NEGRU
SCURT	CRET
CHEL	BUCLE
COLORATE	SĂNĂTOS
GRI	SUBŢIRE
ÎMPLETIT	GROS
NETED	ÎMPLETITURI

88 - Vestiti

```
Y  W  W  H  K  P  G  C  Z  B  B  U  O  Y  G  S
P  E  A  P  M  A  T  S  U  F  L  L  B  Z  E  A
E  B  R  W  Z  N  Q  N  C  O  S  U  U  Ţ  S  N
I  N  O  L  A  T  N  A  P  C  C  X  G  Z  H  D
I  G  C  N  C  O  B  M  I  Ă  U  Ş  U  I  Ă  A
S  U  H  O  E  F  L  Ă  F  M  R  G  O  Ţ  L  L
C  T  I  G  C  Y  W  N  E  A  E  W  P  R  Y  E
O  N  E  D  M  J  T  U  T  Ş  A  O  I  Y  Ţ  Z
M  L  J  N  Z  H  H  Ș  C  Ă  D  O  M  H  T  P
W  V  Q  U  H  A  I  I  F  W  V  Ă  V  N  X  H
J  T  A  V  A  I  I  P  Ă  L  Ă  R  I  E  J  I
M  A  K  H  D  N  Y  S  F  Z  T  A  E  V  E  V
O  L  V  J  H  A  X  A  R  Q  R  Ț  O  W  F  R
C  O  L  I  E  R  D  C  A  Y  A  Ă  M  F  B  A
P  I  J  A  M  A  B  O  Ș  O  I  R  X  I  C  B
P  U  L  O  V  E  R  U  E  G  N  B  W  Ţ  W  W
```

ROCHIE	ŞORŢ
BRĂŢARĂ	MĂNUȘI
BLUZĂ	BLUGI
CĂMAŞĂ	PULOVER
PĂLĂRIE	MODĂ
HAINA	PANTALONI
CUREA	PIJAMA
COLIER	SANDALE
SACOU	PANTOF
FUSTA	EȘARFĂ

89 - Attività e Tempo Libero

```
B O X A H Y U C T V L Q O A P K
G R Ă D I N Ă R I T O F H I I D
W T V M U Z S P N Y K L O H C H
C A M P I N G C D Z H O E W T Z
B A S E B A L L U R N G M I U G
A C V L Q X P Q N F U M K X R J
W U J R E Y V P B T U M Z Q A K
Y M C Ă L Ă T O R I E N E M P Ţ
I P T E N I S L N R O O D Ţ X U
S Ă E H D M S V X E W T Q Ă I V
U R H C Y P G O V L J A O T R I
R Ă C P N E Z I S A W T V R B I
F T S O V Q M T O X X O B A I K
I U A T L A X X L A B T O F U A
N R B Î N O T J O N U X J A D I
G I O X I W V F Y T I U C S E P
```

ARTĂ
BASEBALL
BASCHET
BOX
FOTBAL
CAMPING
DRUMEŢII
GRĂDINĂRIT
GOLF
SCUFUNDĂRI

ÎNOT
VOLEI
PESCUIT
PICTURA
RELAXANT
CUMPĂRĂTURI
SURFING
TENIS
CĂLĂTORIE

90 - Meteo

```
T R Y A K U X R I Z U K C E R T
D O T R J G Q F W T C D R C Q R
C I R A L O P U E B U C R U C O
R Z E N Ț Y O R S C K F V K R P
C N G V A D L A K E S T C C S I
M O L O D D O G R Y C O K D Q C
Q R U G B W Ă A R Ț O E N U E A
F Z F R D J L N H L D O T Ț Q L
Ț U W L G H E A Ț Ă M I I Ă R E
P V R E N X Z Q D Z U F J Ț D E
A Q X T L Ț H Ț T I S Q Q A O C
E I G E U O W C G R O A Ț E M L
S P V N M N Ț Q B B N J T C K I
P I M U J Q Ă R E F S O M T A M
E P I T Y V Â N T P U S C A T A
A U G O W A R U T A R E P M E T
```

CURCUBEU	NOR
USCAT	POLAR
ATMOSFERĂ	SECETĂ
BRIZĂ	TEMPERATURA
CER	FURTUNĂ
CLIMAT	TORNADĂ
FULGER	TROPICALE
GHEAȚĂ	TUNET
MUSON	URAGAN
CEAȚĂ	VÂNT

91 - Corpo Umano

```
B M F K Y F P B M J Z F U T M R
P Ă Â O O Ţ A O X J H P D O E E
I R R N G G C Ţ G E N U N C H I
E U Ă B Ă G R U Ă G A V R A T E
L G M Z I V X K M N O V G M F R
E Z U H H E M G I Â A D W O U C
L T U F C F Q W N S W S B T G J
U M M G O N L G I A F T Y S B N
G L E Z N Ă P Â R N U Ţ C D M Y
G Ţ R Q Y Q I T D E G E T X F U
X E H R K H C H M D J Ţ A R X K
L Q X A M H I Ţ S Z F N S V S U
U R E C H E O N L L E Q Ţ C M R
L L L L K G R H Q T D G Ţ V Z D
L Ţ F C Z L P B X A M P R E Y A
J Z G R L E P O R K G U Z I O V
```

GURĂ	MÂNĂ
GLEZNĂ	BĂRBIE
CREIER	NAS
GÂT	OCHI
INIMĂ	URECHE
DEGET	PIELE
FAŢĂ	SÂNGE
PICIOR	UMĂR
GENUNCHI	STOMAC
COT	CAP

92 - Mammiferi

```
Y  Z  C  Q  T  O  I  O  C  R  A  I  J  C  K  G
Z  Q  Ă  V  T  A  N  R  Ţ  O  A  E  Q  J  S  F
B  A  L  E  N  Ă  U  Ţ  W  F  C  P  L  S  X  D
R  W  I  N  A  F  M  R  Ţ  B  L  U  C  Z  M  N
E  Q  R  I  F  L  S  C  O  P  E  R  A  P  G  D
C  J  O  Â  E  M  E  P  L  U  V  E  N  I  Ţ  T
V  F  G  C  L  A  I  U  P  Q  I  Ţ  G  S  R  U
T  M  N  U  E  M  A  I  M  U  Ţ  Ă  U  I  A  P
D  E  L  F  I  N  O  U  R  A  L  F  R  C  F  P
B  H  I  N  F  W  C  D  I  O  H  A  G  Ă  L  T
M  K  R  H  W  M  Q  S  X  B  A  R  W  R  J  D
X  I  K  V  F  V  Ţ  U  Z  X  D  I  F  B  W  S
A  P  P  K  F  N  X  R  C  O  C  G  D  E  G  V
C  S  N  F  U  O  F  A  B  B  F  D  M  Z  H  V
L  N  P  M  D  D  D  G  T  P  E  F  C  A  L  G
T  N  I  M  Y  F  R  M  D  X  P  R  H  A  L  B
```

BALENĂ	GIRAFĂ
CÂINE	GORILĂ
CANGUR	LEU
CAL	LUP
CERB	URS
IEPURE	OAIE
COIOT	MAIMUŢĂ
DELFIN	TAUR
ELEFANT	VULPE
PISICĂ	ZEBRĂ

93 - Cucina

```
L C B E L F A X R M Z X N C P C
Y E P E T E R U B Y Ș O S K Ș U
K A W O Ț Z N I F S O D N F E P
C I U V L I B T G S R V Ț B R T
Z N Ț A Q O Ș R U I Ț D M S V O
C I C R U F N O O R D O Z O E R
O C K U O B B I A R P E Q G Ț O
N O R T S A C C C R Z T R R E T
D B O R C A N L V F E N T Ă L A
I R U G N I L U G H O E C T I L
M E J I W V Y L Ț Q O M U A P E
E C T V K T X Q D J Z I Ț R C G
N U D Ț H L Z W Z N Ț L I T B N
T P B R G Y U X U C H A T F F O
E E C R E Ț E T Ă T V X E H C C
Q I Ț P Y C X F N G D Ț K J T S
```

BEȚIȘOARE	FRIGIDER
CEAINIC	ȘORȚ
ULCIOR	GRĂTAR
ALIMENTE	POLONIC
CASTRON	REȚETĂ
CUȚITE	CONDIMENTE
CONGELATOR	BURETE
LINGURI	CUPE
FURCI	ȘERVEȚEL
CUPTOR	BORCAN

94 - Universo

```
O Z S T D X C M H F P S C L O V
R O K N E H I C Ţ U K O E O A I
B D P O N L R A L O S L R N N Z
I I C Z N P E X Z T A S P G E I
T A E I A B N S K S Y T D I S B
Ă C E R C S U Ă C W Q I C T C I
Ţ J I O O H T R P O E Ţ Q U I L
V B M T S A N E F Y P I V D Q J
H X O Z M B Î F R A N U L I M J
C S N T I K A S P O M U Q N K T
M E O M C D J I J W I J H E W Ţ
L Ă R E F S O M T A I D V W C G
Ţ Q T E Z E E E R Y N C F G E F
K Z S Z S V Q G A L A X I E D L
F U A W H C L A T I T U D I N E
A S T R O N O M M K F R K G K Q
```

ASTEROID
ASTRONOMIE
ASTRONOM
ATMOSFERĂ
ÎNTUNERIC
CERESC
CER
COSMIC
EMISFERĂ
GALAXIE

LATITUDINE
LONGITUDINE
LUNA
ORBITĂ
ORIZONT
SOLAR
SOLSTIŢIU
TELESCOP
VIZIBIL
ZODIAC

95 - Jazz

```
A P G F T L J G E M K F W G M D
G M J R A H K Y V I T I L Z E Q
Ţ Ă S Z O V J L X F E N O O I F
A C C E N T O U Z I I Z K T Ţ X
T I E Z E S I R C D B C H D I R
A Z T U G I V Z I Ţ V P W A Z Ă
L U N A H T E R O T R E C N O C
E M Â L N R C X V P E V G L P I
N J C P P A H A F W M T S I M N
T A W A G M I N O U T O S W O H
K U Ţ F Z I R Y S T I L C A C E
C O E I Ţ A Z I V O R P M I J T
Ţ A U R W O J S E X U Q T Z W M
Ţ E Q X S Y C E L E B R U S Ţ K
A L B U M O R C H E S T R Ă S U
E E Z M Q I U M D F B A X F A X
```

ALBUM	IMPROVIZAŢIE
APLAUZE	MUZICĂ
ARTIST	NOU
CÂNTEC	ORCHESTRĂ
COMPOZITOR	FAVORITE
COMPOZIŢIE	RITM
CONCERT	STIL
ACCENT	TALENT
CELEBRU	TEHNICĂ
GEN	VECHI

96 - Vacanze #2

```
F  U  Ţ  C  H  N  T  N  C  G  N  E  O  W  A  I
D  O  C  W  R  I  X  A  A  T  G  I  M  Q  R  T
E  P  T  Q  F  M  K  N  M  L  G  N  A  F  G  A
S  E  R  O  D  N  P  M  P  K  S  X  O  F  E  M
T  A  O  T  G  E  Y  K  I  T  A  X  I  C  D  T
I  E  P  R  E  R  A  M  N  Z  S  H  Ţ  Q  W  C
N  R  A  A  I  T  A  U  G  L  T  H  O  T  E  L
A  O  Ş  N  R  Q  B  F  B  R  R  H  Z  W  F  H
Ţ  P  A  S  O  X  Y  L  I  C  Ă  J  A  L  P  Ţ
I  O  P  P  T  G  U  L  S  I  I  O  Z  D  U  A
E  R  P  O  Ă  Z  I  V  Ă  Ţ  N  A  C  A  V  V
P  T  O  R  L  T  T  I  M  P  L  I  B  E  R  M
H  U  A  T  Ă  I  R  A  B  C  O  R  T  N  M  Y
G  H  Q  M  C  O  C  A  I  N  S  U  L  Ă  I  E
Y  A  Ţ  D  D  N  S  D  H  Z  V  J  B  R  M  S
I  X  Ţ  Ţ  R  Z  F  R  E  S  T  A  U  R  A  N  T
```

AEROPORT	PLAJĂ
CAMPING	STRĂIN
DESTINAŢIE	TAXI
FOTOGRAFII	TIMP LIBER
HOTEL	CORT
INSULĂ	TRANSPORT
HARTĂ	TREN
MARE	VACANŢĂ
PAŞAPORT	CĂLĂTORIE
RESTAURANT	VIZĂ

97 - Attività

```
V  C  T  W  R  G  X  F  E  Ă  R  U  T  C  E  L
Â  U  I  V  L  E  R  J  O  C  U  R  I  E  W  K
N  S  M  V  A  R  L  Ă  E  X  Ţ  I  U  R  K  F
Ă  U  P  Z  M  E  P  A  D  R  C  G  C  A  M  O
T  T  L  W  B  C  D  P  X  I  B  Ţ  S  M  E  T
O  Y  I  G  W  Ă  B  N  Ţ  A  N  B  E  I  U  O
A  M  B  Ţ  E  L  Z  Z  U  P  R  Ă  P  C  E  G
R  F  E  G  I  P  Z  K  G  Z  B  E  R  Ă  T  R
E  H  R  M  G  D  T  Q  F  G  V  Z  C  I  A  A
X  X  C  X  A  Ţ  Q  Ă  I  F  G  F  A  E  T  F
I  O  M  M  M  P  W  U  T  F  Z  B  M  G  I  I
B  Î  N  D  E  M  Â  N  A  R  E  Q  P  H  V  E
D  R  U  M  E  Ţ  I  I  S  N  A  D  I  D  I  U
U  M  E  Ş  T  E  Ş  U  G  U  R  I  N  T  T  K
B  B  S  O  I  Ţ  R  S  W  Z  E  A  G  J  C  F
S  J  M  W  E  H  Q  P  B  U  C  R  I  T  A  Q
```

ÎNDEMÂNARE
ARTĂ
MEŞTEŞUGURI
ACTIVITATE
VÂNĂTOARE
CAMPING
CERAMICĂ
CUSUT
DANS
DRUMEŢII

FOTOGRAFIE
GRĂDINĂRIT
JOCURI
LECTURĂ
MAGIE
PESCUIT
PLĂCERE
PUZZLE
RELAXARE
TIMP LIBER

98 - Diplomazia

```
D D I C D G Q Y I G M Y U A Z A
R I N C O C B E S C Z B E M A M
E S T Ţ O N R E V U G D T B M B
P C E D C M F F V R Z O R A P A
T U G P I O U L X N B I A S O S
A Ţ R E V E N N I O N N T A L A
T I I T I A Ţ S I C B E A D I D
E E T A C H E R I T T Ţ T Ă T O
X K A T H Q Q F X L A Ă L I I R
A V T I R A Y M Ţ P I T F X C E
B F E R O B U U D B V E E A Ă T
S O L U Ţ I E Ţ W R Y C R S Z I
N F Z C D I P L O M A T I C E C
F W Q E I Ţ U L O Z E R V Z V Ă
M V X S C O O P E R A R E C I O
Q C J F E M U M A N I T A R G S
```

AMBASADĂ	ETICĂ
AMBASADOR	DREPTATE
CETĂŢENI	GUVERN
CIVIC	INTEGRITATE
COMUNITATE	POLITICĂ
CONFLICT	REZOLUŢIE
CONSILIER	SECURITATE
COOPERARE	SOLUŢIE
DIPLOMATIC	TRATAT
DISCUŢIE	UMANITAR

99 - Forniture Artistiche

X	N	E	T	A	T	I	V	I	T	A	E	R	C	T	V
O	J	U	L	C	C	M	O	R	L	E	R	M	I	V	O
L	W	B	U	U	V	M	G	E	I	T	R	Â	H	I	F
U	H	I	Z	A	E	N	O	N	J	T	K	B	V	Y	K
T	M	P	B	R	B	N	P	A	R	A	D	I	E	R	Ă
P	L	B	I	E	D	I	R	O	L	U	C	I	D	M	A
D	F	K	G	L	V	Ț	C	I	A	Y	D	R	Y	B	D
N	A	M	T	E	L	A	V	E	Ș	C	H	E	C	I	D
S	C	A	U	N	O	W	N	R	R	B	R	P	Z	G	X
S	Q	T	Y	U	T	I	F	C	D	N	E	I	Ț	K	B
Z	X	X	G	B	R	C	L	Y	N	B	E	C	L	D	M
D	V	K	P	R	T	A	B	E	L	F	H	A	W	I	J
O	B	Q	Z	Ă	L	X	S	H	Y	Y	R	K	L	R	C
U	Z	H	L	C	P	A	S	T	E	L	U	R	I	Ă	A
A	P	A	R	A	T	F	O	T	O	Q	L	I	J	D	P
Ț	Ț	B	L	B	L	I	P	I	C	I	E	L	U	W	Ă

APĂ
ACUARELE
ACRILIC
LUT
CĂRBUNE
HÂRTIE
ȘEVALET
LIPICI
CULORI
CREATIVITATE

RADIERĂ
IDEI
CERNEALĂ
CREIOANE
ULEI
PASTELURI
SCAUN
PERII
TABEL
APARAT FOTO

100 - Misurazioni

```
C Z I K N G R L I T R U R B A Î
E C V N X X M M A R G O L I K N
N K O B C C I I W M F Z N S G Ă
T A L R B H L N M O I N D P R L
I D U R C P U U E Y R C Q F A Ţ
M Â M C N S B T V N P K E R M I
E N L U N G I M E U N I T Z G M
T C Y A H N X O N G L Y P F E
R I I H T V Z F Z C D O B H F M
U M H B V P B R Y I Ţ M M N G I
N E T A T U E R G E M E Ţ P R Ţ
H Q L P C P Q F B S E T T P A Ă
O A P M N K D L Y O T R B O D L
E Y L A I K K Z I Q R U G P J I
O D L B U J I C P O U K Z R V J
W X F S Ă N O T P B R U U C I A
```

ÎNĂLŢIME	LUNGIME
BYTE	METRU
CENTIMETRU	MINUT
KILOGRAM	UNCIE
KILOMETRU	GREUTATE
ZECIMAL	HALBĂ
GRAD	INCH
GRAM	ADÂNCIME
LĂŢIME	TONĂ
LITRU	VOLUM

1 - Scacchi

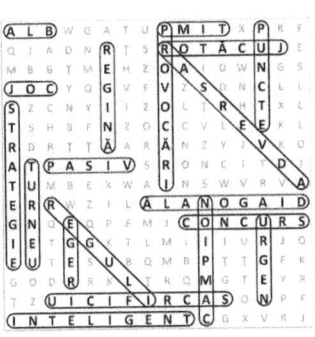

2 - Salute e Benessere #2

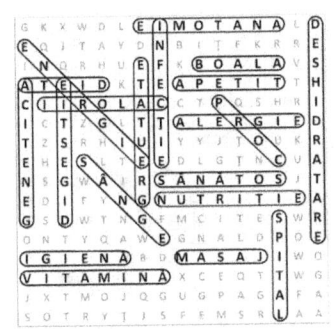

3 - Aggettivi #2

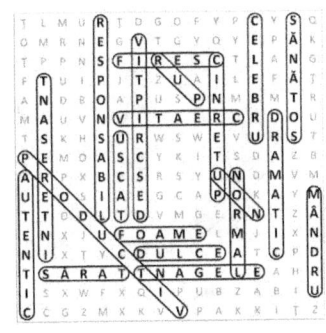

4 - Ingegneria

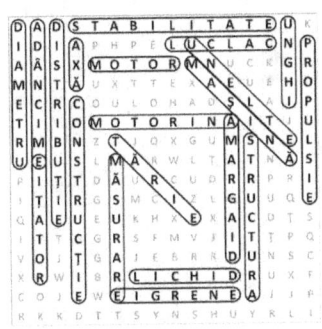

5 - Archeologia

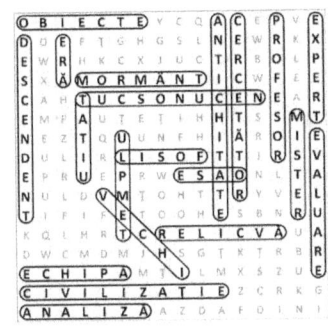

6 - Salute e Benessere #1

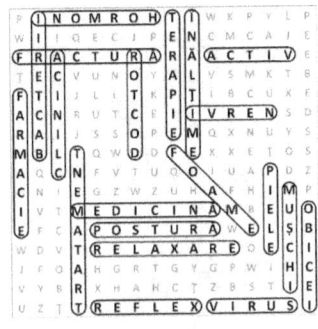

7 - Aggettivi #1

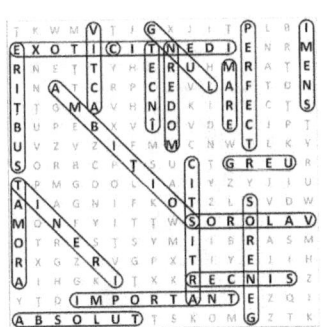

8 - Geologia

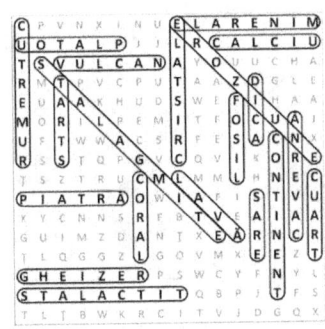

9 - Campeggio

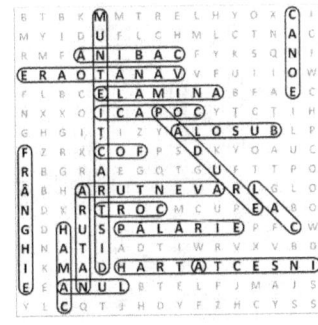

10 - Arti Visive

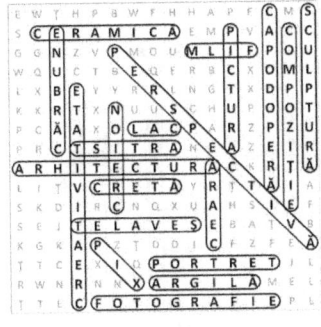

11 - Tempo

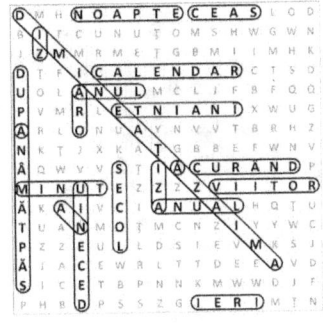

12 - Astronomia

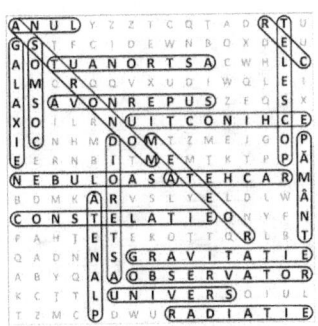

13 - Algebra

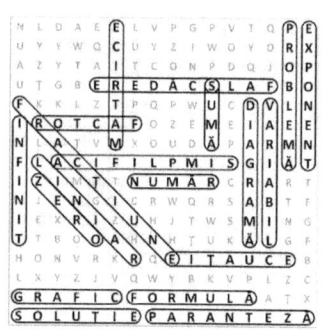

14 - Mitologia

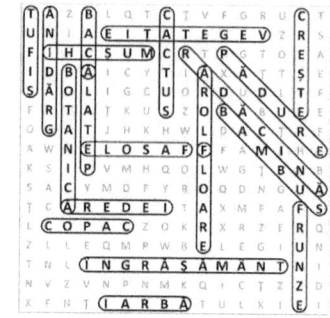

15 - Piante

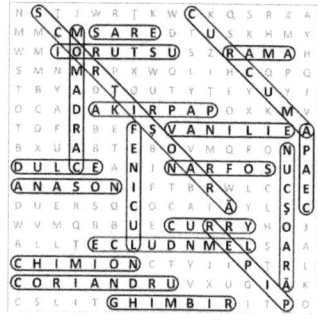

16 - Spezie

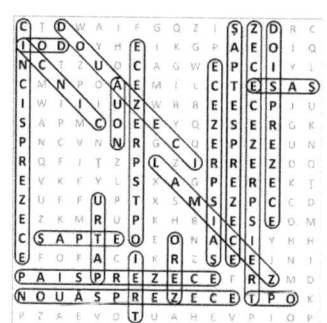

17 - Numeri

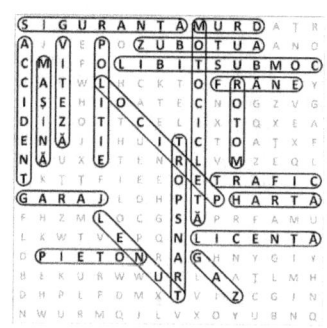

18 - Guida

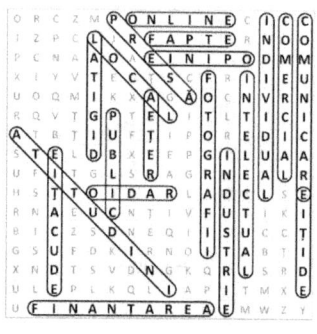

19 - I Media

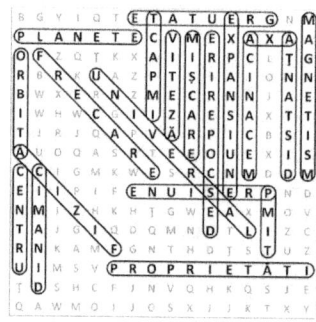

20 - Forza e Gravità

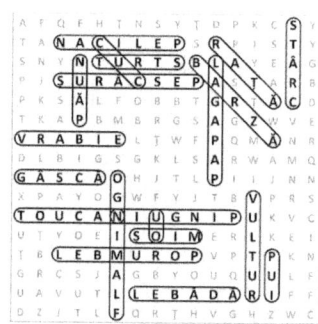

21 - Uccelli

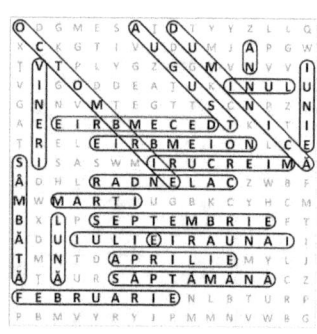

22 - Giorni e Mesi

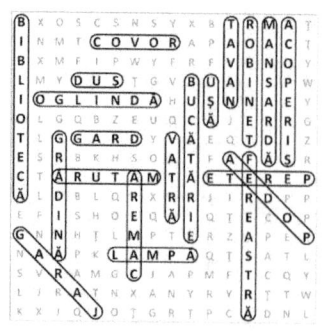

23 - Casa

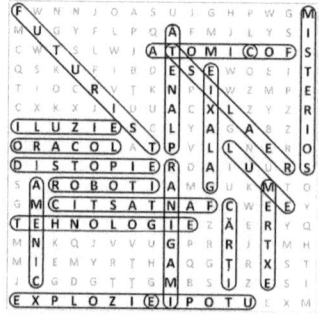

24 - Fantascienza

25 - Città

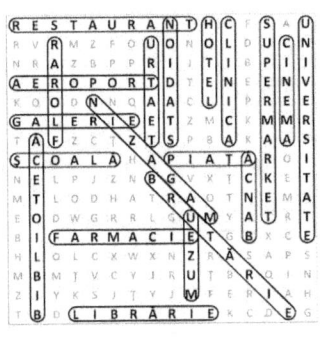

26 - Fattoria #1

27 - Psicologia

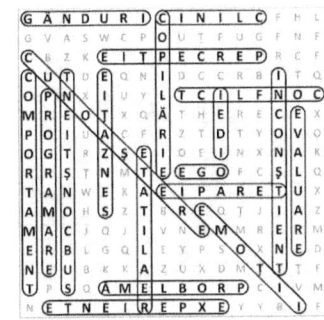

28 - Paesaggi

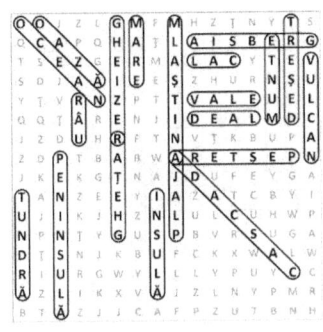

29 - Energia

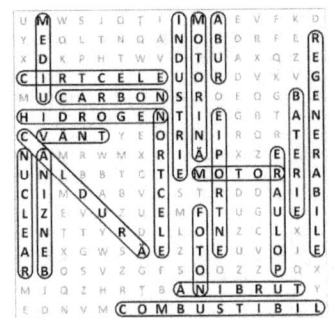

30 - Ristorante #2

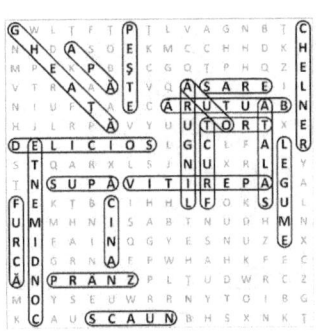

31 - Moda

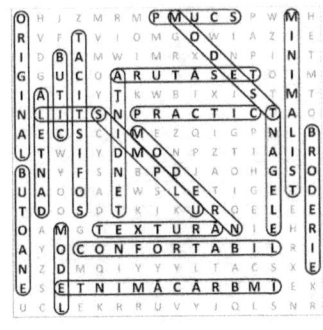

32 - L'Azienda

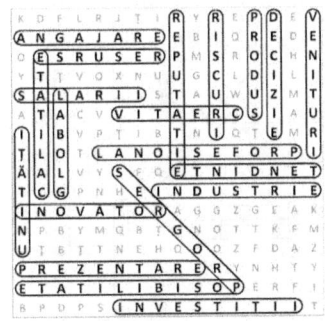

33 - Giardino

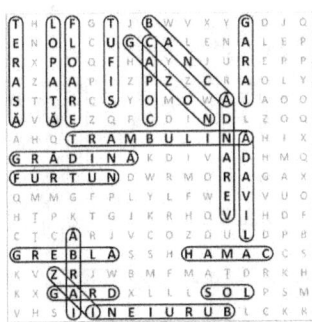

34 - Riscaldamento Gl

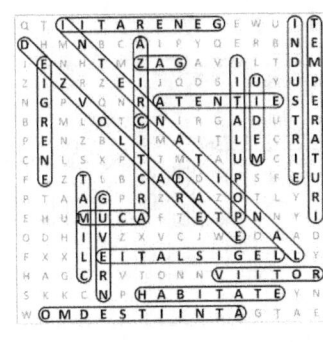

35 - Frutta

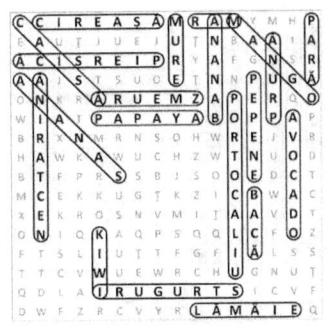

36 - Fattoria #2

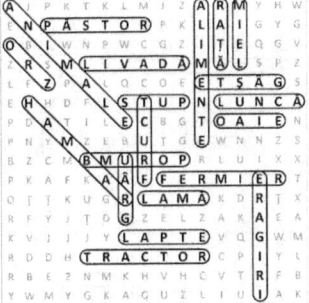

37 - Verdure

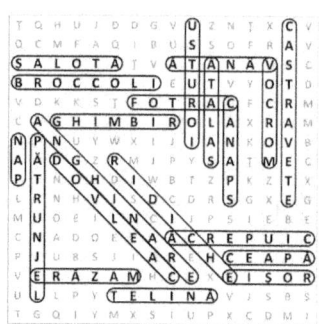

38 - Musica

39 - Barbecue

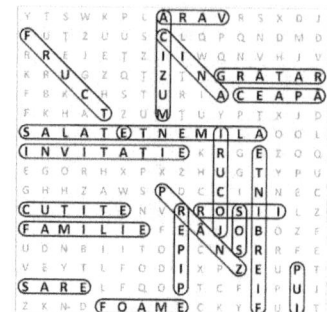

40 - Fisica

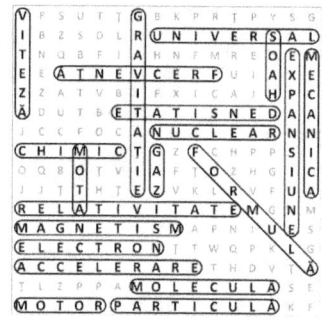

41 - Agronomia

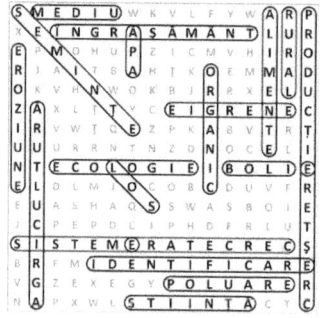

42 - Erboristeria

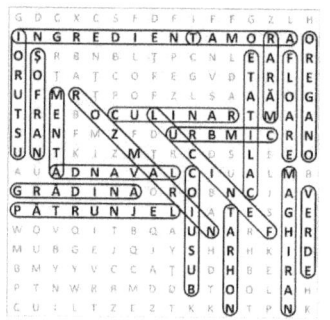

43 - Biologia

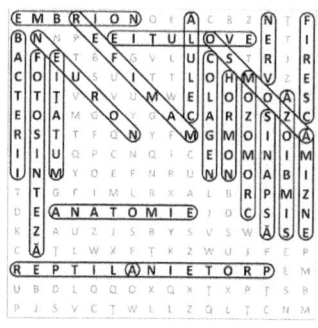

44 - Attività Commerciale

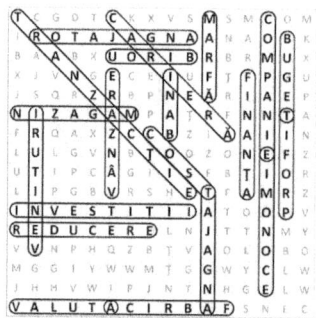

45 - Filantropia

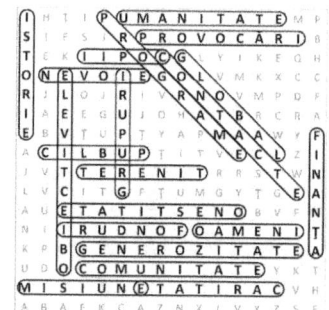

46 - Ecologia

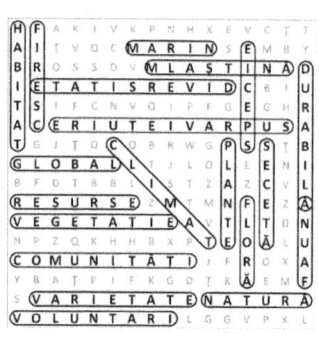

47 - Discipline Scientifiche

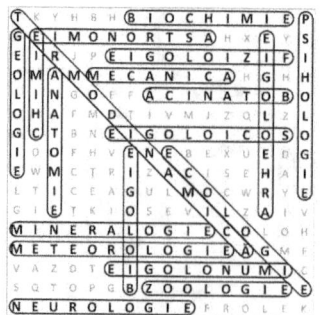

48 - Scienza

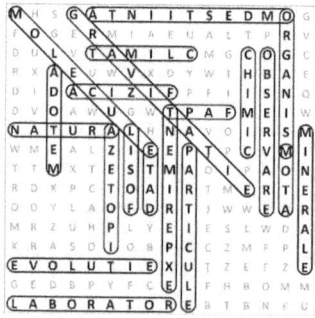

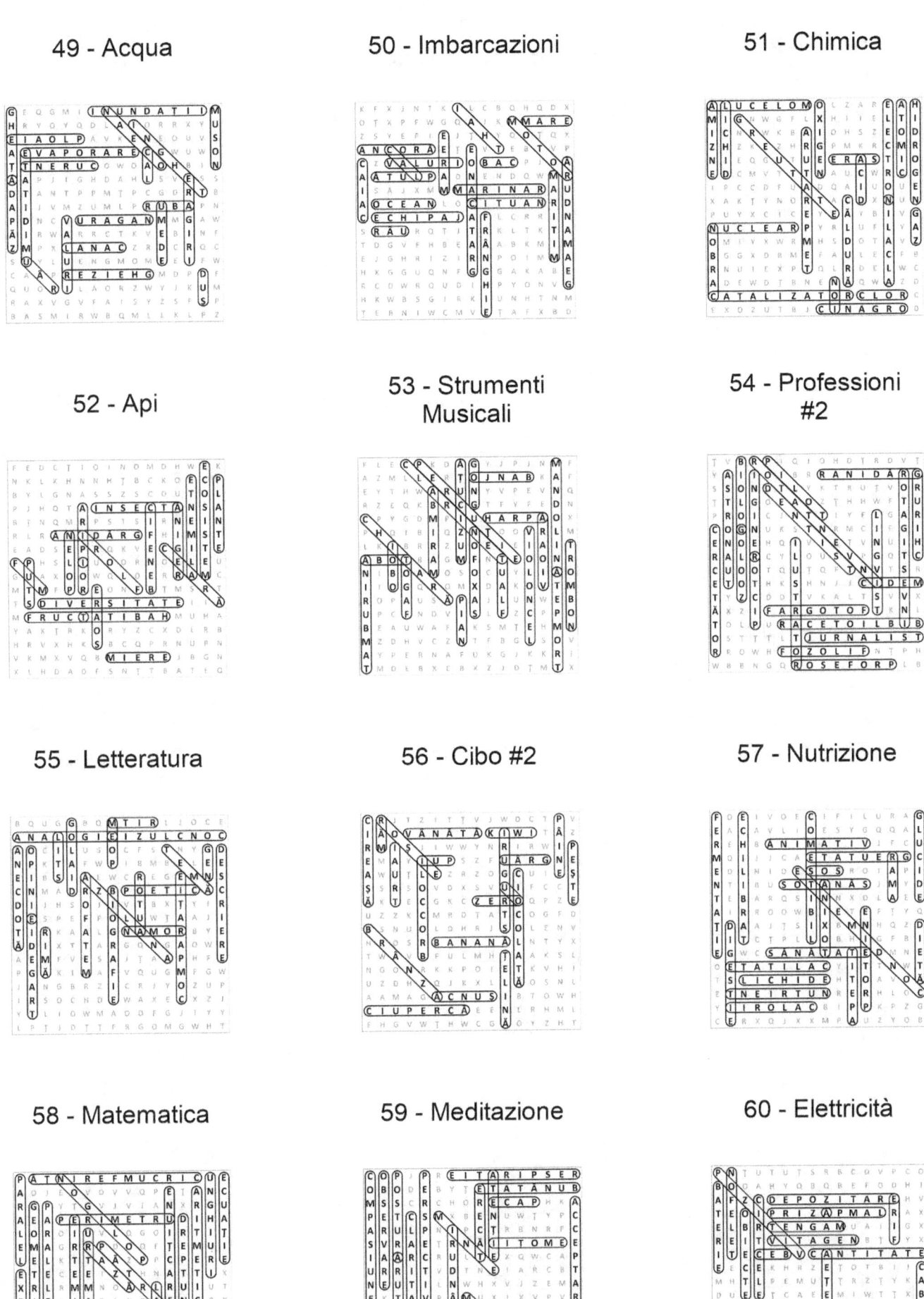

49 - Acqua

50 - Imbarcazioni

51 - Chimica

52 - Api

53 - Strumenti Musicali

54 - Professioni #2

55 - Letteratura

56 - Cibo #2

57 - Nutrizione

58 - Matematica

59 - Meditazione

60 - Elettricità

61 - Antiquariato

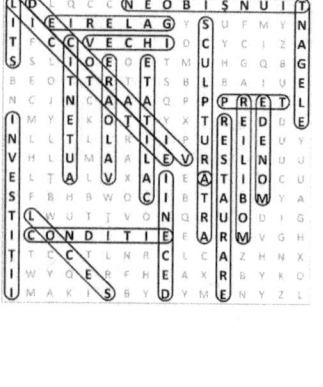

62 - Escursionismo

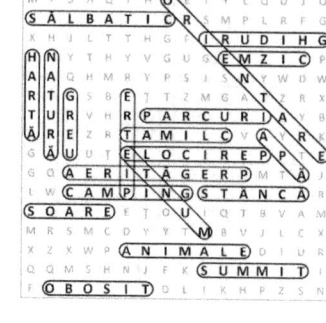

63 - Professioni #1

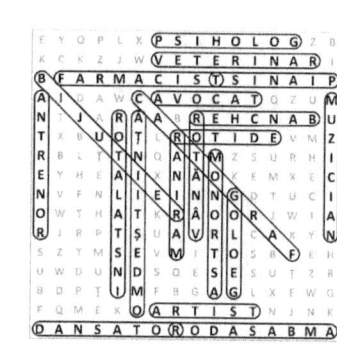

64 - Antartide

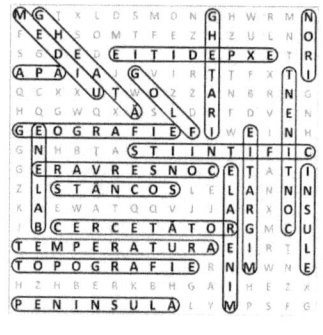

65 - Libri

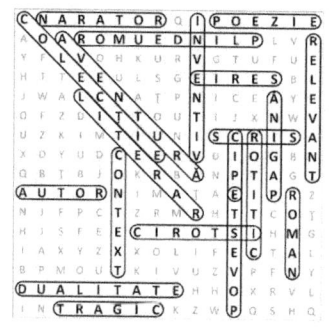

66 - Geografia

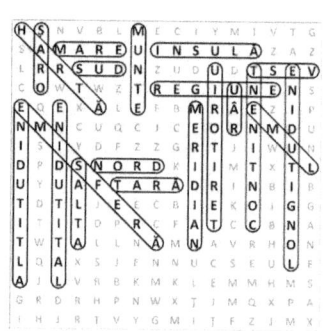

67 - Cibo #1

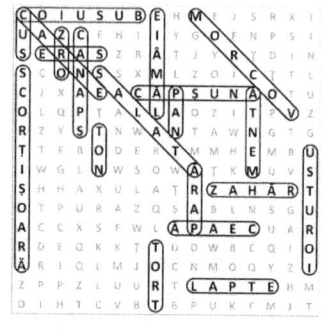

68 - Etica

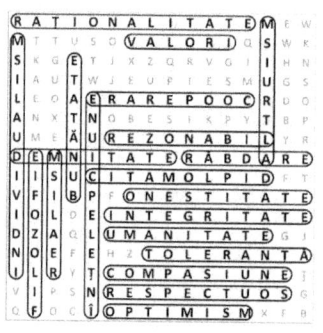

69 - Aeroplani

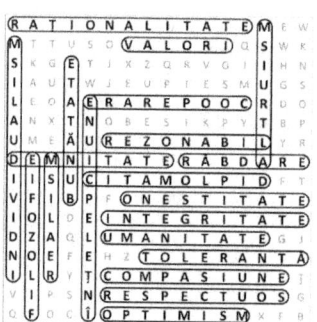

70 - Governo

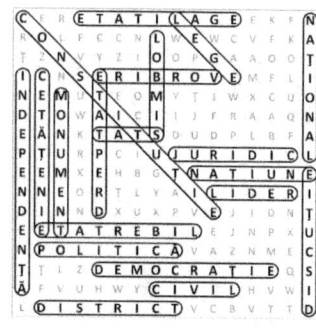

71 - Bellezza

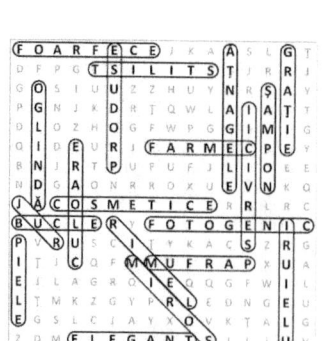

72 - Avventura

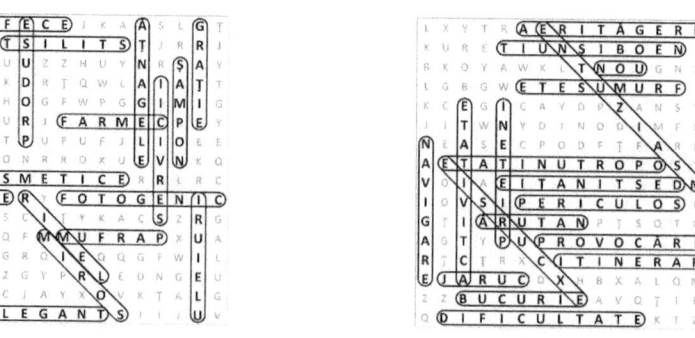

73 - Forme

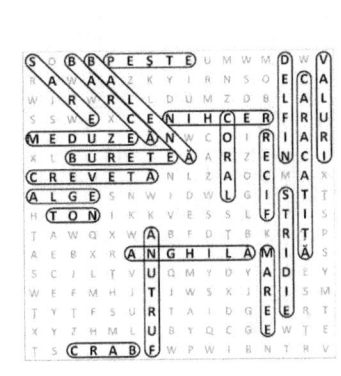

74 - Oceano

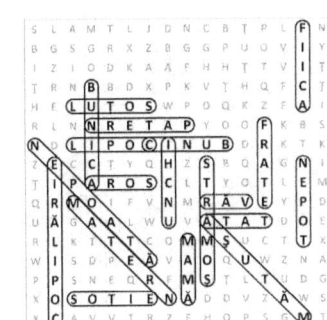

75 - Famiglia

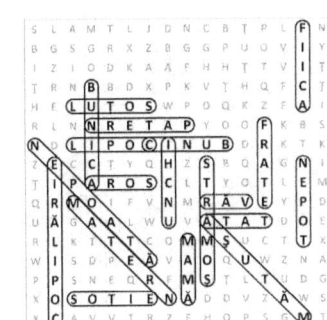

76 - Creatività

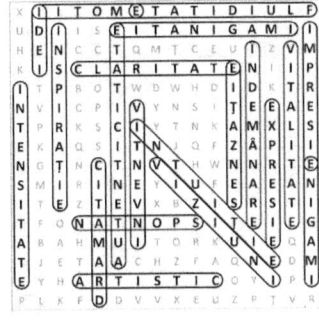

77 - Veicoli

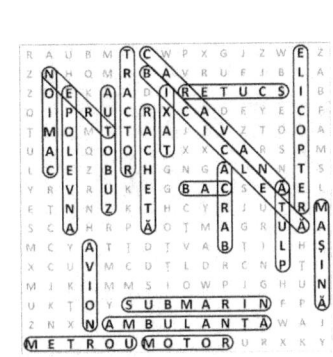

78 - Emozioni

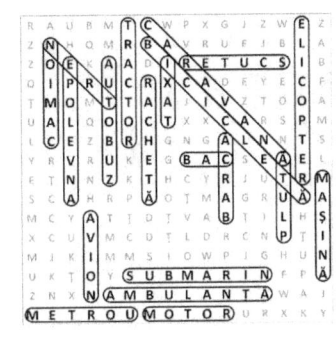

79 - Natura

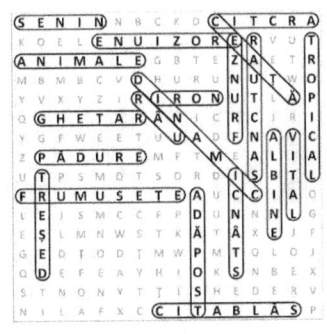

80 - Balletto

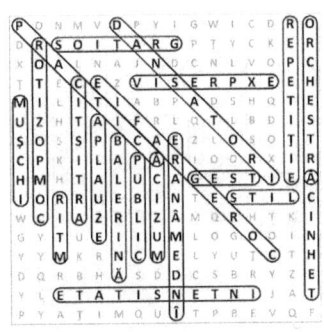

81 - Paesi #1

82 - Geometria

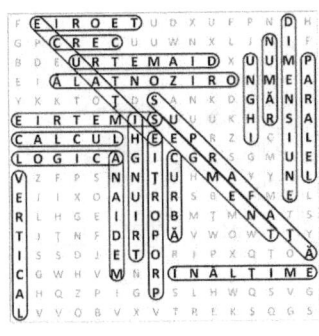

83 - Foresta Pluviale

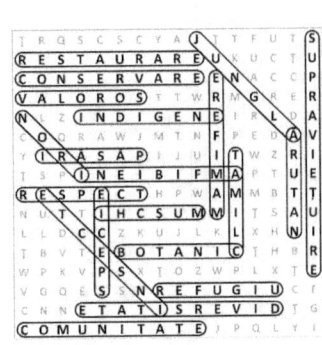

84 - Edifici

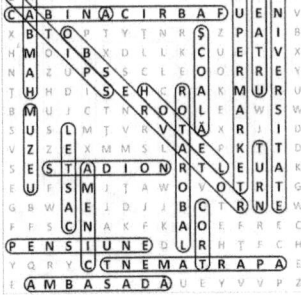

85 - Malattia

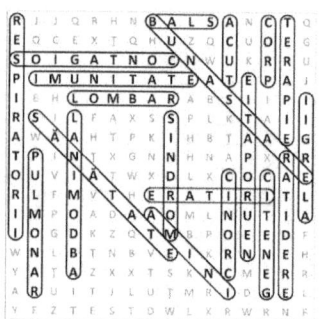

86 - Paesi #2

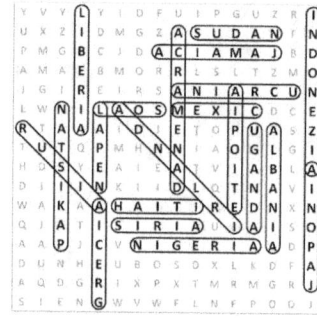

87 - Tipi di Capelli

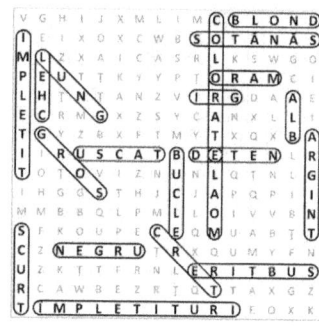

88 - Vestiti

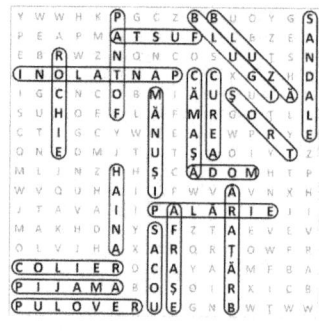

89 - Attività e Tempo Libero

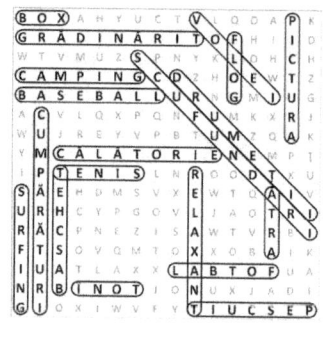

90 - Meteo

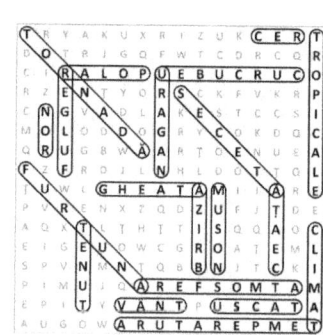

91 - Corpo Umano

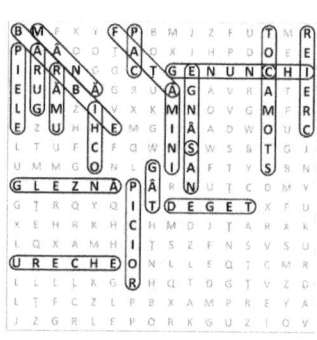

92 - Mammiferi

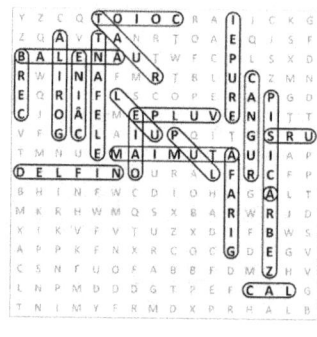

93 - Cucina

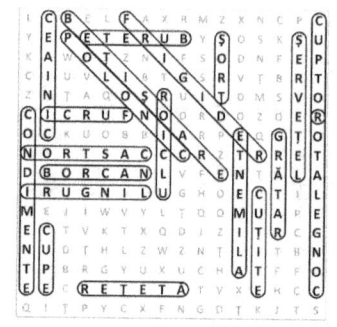

94 - Universo

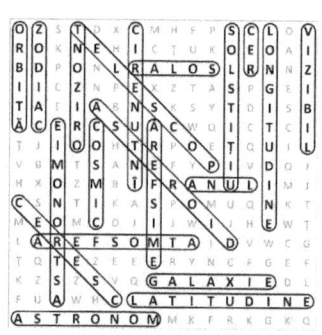

95 - Jazz

96 - Vacanze #2

97 - Attività

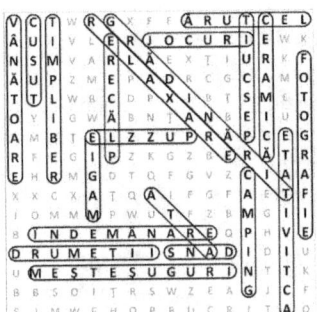

98 - Diplomazia

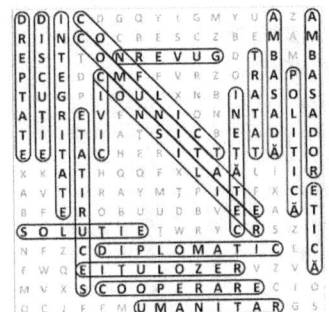

99 - Forniture Artistiche

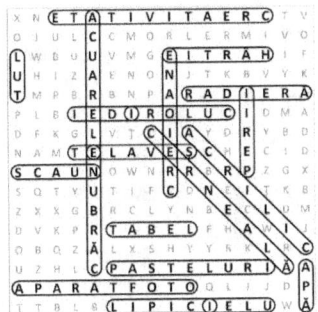

100 - Misurazioni

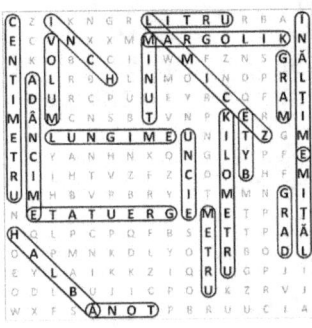

Dizionario

Acqua
Apă

Alluvione	Inundaţii
Canale	Canal
Doccia	Duş
Evaporazione	Evaporare
Fiume	Râu
Flusso	Curent
Gelo	Îngheţ
Geyser	Gheizer
Ghiaccio	Gheaţă
Irrigazione	Irigare
Lago	Lac
Monsone	Muson
Neve	Zăpadă
Oceano	Ocean
Onde	Valuri
Pioggia	Ploaie
Umidità	Umiditate
Umido	Umede
Uragano	Uragan
Vapore	Abur

Aeroplani
Avioane

Altezza	Înălţime
Altitudine	Altitudine
Aria	Aer
Atmosfera	Atmosferă
Atterraggio	Aterizare
Avventura	Aventură
Carburante	Combustibil
Cielo	Cer
Costruzione	Construcţie
Direzione	Direcţie
Discesa	Coborâre
Equipaggio	Echipaj
Idrogeno	Hidrogen
Motore	Motor
Navigare	Naviga
Palloncino	Balon
Passeggero	Pasager
Pilota	Pilot
Storia	Istorie
Turbolenza	Turbulenţă

Aggettivi #1
Adjective #1

Ambizioso	Ambiţios
Aromatico	Aromat
Artistico	Artistic
Assoluto	Absolut
Attivo	Activ
Enorme	Imens
Esotico	Exotic
Generoso	Generos
Giovane	Tineri
Grande	Mare
Identico	Identic
Importante	Important
Lento	Încet
Lungo	Lung
Moderno	Modern
Onesto	Sincer
Perfetto	Perfect
Pesante	Greu
Prezioso	Valoros
Sottile	Subţire

Aggettivi #2
Adjective #2

Affamato	Foame
Asciutto	Uscat
Autentico	Autentic
Creativo	Creativ
Descrittivo	Descriptiv
Dolce	Dulce
Drammatico	Dramatic
Elegante	Elegant
Famoso	Celebru
Forte	Puternic
Interessante	Interesant
Naturale	Firesc
Normale	Normal
Nuovo	Nou
Orgoglioso	Mândru
Produttivo	Productiv
Puro	Pur
Responsabile	Responsabil
Salato	Sărat
Sano	Sănătos

Agronomia
Agronomie

Acqua	Apă
Agricoltura	Agricultură
Ambiente	Mediu
Cibo	Alimente
Crescita	Creştere
Ecologia	Ecologie
Energia	Energie
Erosione	Eroziune
Fertilizzante	Îngrăşământ
Identificazione	Identificare
Inquinamento	Poluare
Malattie	Boli
Organico	Organic
Produzione	Producţie
Ricerca	Cercetare
Rurale	Rural
Scienza	Ştiinţă
Semi	Seminţe
Sistemi	Sisteme
Suolo	Sol

Algebra
Algebră

Diagramma	Diagramă
Equazione	Ecuaţie
Esponente	Exponent
Falso	Fals
Fattore	Factor
Formula	Formulă
Frazione	Fracţiune
Grafico	Grafic
Infinito	Infinit
Lineare	Liniar
Matrice	Matrice
Numero	Număr
Parentesi	Paranteză
Problema	Problemă
Semplificare	Simplifica
Soluzione	Soluţie
Somma	Sumă
Sottrazione	Scădere
Variabile	Variabil
Zero	Zero

Antartide
Antarctica

Acqua	Apă
Ambiente	Mediu
Baia	Golf
Balene	Balene
Conservazione	Conservare
Continente	Continent
Geografia	Geografie
Ghiacciai	Ghețari
Ghiaccio	Gheață
Isole	Insule
Migrazione	Migrație
Minerali	Minerale
Nuvole	Nori
Penisola	Peninsulă
Ricercatore	Cercetător
Roccioso	Stâncos
Scientifico	Științific
Spedizione	Expediție
Temperatura	Temperatura
Topografia	Topografie

Antiquariato
Antichități

Arte	Artă
Asta	Licitație
Autentico	Autentic
Condizione	Condiție
Decenni	Decenii
Decorativo	Decorativ
Elegante	Elegant
Galleria	Galerie
Insolito	Neobișnuit
Investimento	Investiții
Mobilio	Mobilier
Monete	Monede
Prezzo	Preț
Qualità	Calitate
Restauro	Restaurare
Scultura	Sculptură
Secolo	Secol
Stile	Stil
Valore	Valoare
Vecchio	Vechi

Api
Albinele

Ali	Aripi
Alveare	Stup
Benefico	Benefic
Cera	Ceară
Cibo	Alimente
Diversità	Diversitate
Ecosistema	Ecosistem
Fiori	Flori
Frutta	Fruct
Fumo	Fum
Giardino	Grădină
Habitat	Habitat
Insetto	Insectă
Miele	Miere
Piante	Plante
Polline	Polen
Regina	Regină
Sciame	Roi
Sole	Soare

Archeologia
Arheologie

Analisi	Analiză
Antichità	Antichitate
Antico	Vechi
Civiltà	Civilizație
Dimenticato	Uitat
Discendente	Descendent
Era	Eră
Esperto	Expert
Fossile	Fosil
Mistero	Mister
Oggetti	Obiecte
Ossa	Oase
Professore	Profesor
Reliquia	Relicvă
Ricercatore	Cercetător
Sconosciuto	Necunoscut
Squadra	Echipă
Tempio	Templu
Tomba	Mormânt
Valutazione	Evaluare

Arti Visive
Arte Vizuale

Architettura	Arhitectură
Argilla	Argilă
Artista	Artist
Capolavoro	Capodoperă
Carbone	Cărbune
Cavalletto	Șevalet
Cera	Ceară
Ceramica	Ceramică
Composizione	Compoziție
Creatività	Creativitate
Film	Film
Fotografia	Fotografie
Gesso	Cretă
Matita	Creion
Penna	Pix
Pittura	Pictura
Prospettiva	Perspectivă
Ritratto	Portret
Scultura	Sculptură
Vernice	Lac

Astronomia
Astronomie

Asteroide	Asteroid
Astronauta	Astronaut
Astronomo	Astronom
Cielo	Cer
Cosmo	Cosmos
Costellazione	Constelație
Equinozio	Echinocțiu
Galassia	Galaxie
Gravità	Gravitație
Luna	Luna
Meteora	Meteor
Nebulosa	Nebuloasă
Osservatorio	Observator
Pianeta	Planetă
Radiazione	Radiație
Razzo	Rachetă
Supernova	Supernovă
Telescopio	Telescop
Terra	Pământ
Universo	Univers

Attività
Activități

Abilità	Îndemânare
Arte	Artă
Artigianato	Meşteşuguri
Attività	Activitate
Caccia	Vânătoare
Campeggio	Camping
Ceramica	Ceramică
Cucire	Cusut
Danza	Dans
Escursioni	Drumeţii
Fotografia	Fotografie
Giardinaggio	Grădinărit
Giochi	Jocuri
Lettura	Lectură
Magia	Magie
Pesca	Pescuit
Piacere	Plăcere
Puzzle	Puzzle
Rilassamento	Relaxare
Tempo Libero	Timp Liber

Attività Commerciale
Afaceri

Bilancio	Buget
Carriera	Carieră
Costo	Cost
Datore di Lavoro	Angajator
Dipendente	Angajat
Economia	Economie
Fabbrica	Fabrică
Finanza	Finanţa
Investimento	Investiţii
Merce	Marfă
Negozio	Magazin
Profitto	Profit
Reddito	Venituri
Sconto	Reducere
Società	Companie
Soldi	Bani
Transazione	Tranzacţie
Ufficio	Birou
Valuta	Valută
Vendita	Vânzare

Attività e Tempo Libero
Activități şi Timp Liber

Arte	Artă
Baseball	Baseball
Basket	Baschet
Boxe	Box
Calcio	Fotbal
Campeggio	Camping
Escursioni	Drumeţii
Giardinaggio	Grădinărit
Golf	Golf
Immersione	Scufundări
Nuoto	Înot
Pallavolo	Volei
Pesca	Pescuit
Pittura	Pictura
Rilassante	Relaxant
Shopping	Cumpărături
Surf	Surfing
Tennis	Tenis
Viaggio	Călătorie

Avventura
Aventuri

Amici	Prieteni
Attività	Activitate
Bellezza	Frumuseţe
Coraggio	Curaj
Destinazione	Destinaţie
Difficoltà	Dificultate
Entusiasmo	Entuziasm
Escursione	Excursie
Gioia	Bucurie
Insolito	Neobișnuit
Itinerario	Itinerar
Natura	Natură
Navigazione	Navigare
Nuovo	Nou
Opportunità	Oportunitate
Pericoloso	Periculos
Preparazione	Pregătirea
Sfide	Provocări
Sicurezza	Siguranţă
Viaggi	Călătorii

Balletto
Balet

Abilità	Îndemânare
Applauso	Aplauze
Artistico	Artistic
Ballerina	Balerină
Ballerini	Dansatori
Compositore	Compozitor
Coreografia	Coregrafie
Espressivo	Expresiv
Gesto	Gest
Grazioso	Graţios
Intensità	Intensitate
Muscoli	Muşchi
Musica	Muzică
Orchestra	Orchestră
Pratica	Practică
Prova	Repetiţie
Pubblico	Public
Ritmo	Ritm
Stile	Stil
Tecnica	Tehnică

Barbecue
Grătare

Caldo	Fierbinte
Cena	Cina
Cibo	Alimente
Cipolle	Ceapă
Coltelli	Cuţite
Estate	Vară
Fame	Foame
Famiglia	Familie
Frutta	Fruct
Giochi	Jocuri
Griglia	Grătar
Insalate	Salate
Invito	Invitaţie
Musica	Muzică
Pepe	Piper
Pollo	Pui
Pomodori	Rosii
Pranzo	Prânz
Sale	Sare
Salsa	Sos

Bellezza
Frumusețe

Colore	Culoare
Cosmetici	Cosmetice
Elegante	Elegant
Eleganza	Eleganță
Fascino	Farmec
Forbici	Foarfece
Fotogenico	Fotogenic
Fragranza	Parfum
Grazia	Grație
Mascara	Rimel
Oli	Uleiuri
Pelle	Piele
Prodotti	Produse
Profumo	Miros
Riccioli	Bucle
Rossetto	Ruj
Servizi	Servicii
Shampoo	Șampon
Specchio	Oglindă
Stilista	Stilist

Biologia
Biologie

Anatomia	Anatomie
Batteri	Bacterii
Cellula	Celulă
Collagene	Colagen
Cromosoma	Cromozom
Embrione	Embrion
Enzima	Enzimă
Evoluzione	Evoluție
Fotosintesi	Fotosinteză
Mammifero	Mamifer
Mutazione	Mutație
Naturale	Firesc
Nervo	Nerv
Neurone	Neuron
Ormone	Hormon
Osmosi	Osmoză
Proteina	Proteină
Rettile	Reptilă
Simbiosi	Simbioză
Sinapsi	Sinapsă

Campeggio
Camping

Alberi	Copaci
Amaca	Hamac
Animali	Animale
Avventura	Aventură
Bussola	Busolă
Cabina	Cabină
Caccia	Vânătoare
Canoa	Canoe
Cappello	Pălărie
Corda	Frânghie
Divertimento	Distracție
Foresta	Pădure
Fuoco	Foc
Insetto	Insectă
Lago	Lac
Luna	Luna
Mappa	Hartă
Montagna	Munte
Natura	Natură
Tenda	Cort

Casa
Casa

Attico	Mansardă
Biblioteca	Bibliotecă
Camera	Cameră
Camino	Vatră
Cucina	Bucătărie
Doccia	Duș
Finestra	Fereastră
Garage	Garaj
Giardino	Grădină
Lampada	Lampă
Parete	Perete
Pavimento	Podea
Porta	Ușă
Recinto	Gard
Rubinetto	Robinet
Scopa	Mătură
Soffitto	Tavan
Specchio	Oglindă
Tappeto	Covor
Tetto	Acoperiș

Chimica
Chimie

Acido	Acid
Alcalino	Alcalin
Atomico	Atomic
Calore	Căldură
Carbonio	Carbon
Catalizzatore	Catalizator
Cloro	Clor
Elettrone	Electron
Enzima	Enzimă
Gas	Gaz
Idrogeno	Hidrogen
Ione	Ion
Liquido	Lichid
Molecola	Moleculă
Nucleare	Nuclear
Organico	Organic
Ossigeno	Oxigen
Peso	Greutate
Sale	Sare
Temperatura	Temperatura

Cibo #1
Alimente #1

Aglio	Usturoi
Basilico	Busuioc
Cannella	Scorțișoară
Carne	Carne
Carota	Morcov
Cipolla	Ceapă
Fragola	Căpșună
Insalata	Salată
Latte	Lapte
Limone	Lămâie
Menta	Mentă
Orzo	Orz
Pera	Pară
Rapa	Nap
Sale	Sare
Spinaci	Spanac
Succo	Suc
Tonno	Ton
Torta	Tort
Zucchero	Zahăr

Cibo #2
Alimente #2

Banana	Banană
Broccolo	Broccoli
Ciliegia	Cireașă
Cioccolato	Ciocolată
Formaggio	Brânză
Fungo	Ciupercă
Grano	Grâu
Kiwi	Kiwi
Mela	Măr
Melanzana	Vânătă
Pane	Pâine
Pesce	Pește
Pollo	Pui
Pomodoro	Roșie
Prosciutto	Șuncă
Riso	Orez
Sedano	Țelină
Uovo	Ou
Uva	Struguri
Yogurt	Iaurt

Città
Oraș

Aeroporto	Aeroport
Banca	Bancă
Biblioteca	Bibliotecă
Cinema	Cinema
Clinica	Clinica
Farmacia	Farmacie
Fiorista	Florar
Galleria	Galerie
Hotel	Hotel
Libreria	Librărie
Mercato	Piață
Museo	Muzeu
Negozio	Magazin
Panetteria	Brutărie
Ristorante	Restaurant
Scuola	Școală
Stadio	Stadion
Supermercato	Supermarket
Teatro	Teatru
Università	Universitate

Corpo Umano
Corpul Uman

Bocca	Gură
Caviglia	Gleznă
Cervello	Creier
Collo	Gât
Cuore	Inimă
Dito	Deget
Faccia	Față
Gamba	Picior
Ginocchio	Genunchi
Gomito	Cot
Mano	Mână
Mento	Bărbie
Naso	Nas
Occhio	Ochi
Orecchio	Ureche
Pelle	Piele
Sangue	Sânge
Spalla	Umăr
Stomaco	Stomac
Testa	Cap

Creatività
Creativitate

Abilità	Îndemânare
Artistico	Artistic
Autenticità	Autenticitate
Chiarezza	Claritate
Drammatico	Dramatic
Emozioni	Emoții
Espressione	Expresie
Fluidità	Fluiditate
Idee	Idei
Immaginazione	Imaginație
Immagine	Imagine
Impressione	Impresie
Intensità	Intensitate
Intuizione	Intuiție
Inventivo	Inventiv
Ispirazione	Inspirație
Sensazione	Senzație
Spontaneo	Spontan
Visioni	Viziuni
Vitalità	Vitalitate

Cucina
Bucătărie

Bacchette	Bețișoare
Bollitore	Ceainic
Brocca	Ulcior
Cibo	Alimente
Ciotola	Castron
Coltelli	Cuțite
Congelatore	Congelator
Cucchiai	Linguri
Forchette	Furci
Forno	Cuptor
Frigorifero	Frigider
Grembiule	Șorț
Griglia	Grătar
Mestolo	Polonic
Ricetta	Rețetă
Spezie	Condimente
Spugna	Burete
Tazze	Cupe
Tovagliolo	Șervețel
Vaso	Borcan

Diplomazia
Diplomație

Ambasciata	Ambasadă
Ambasciatore	Ambasador
Cittadini	Cetățeni
Civico	Civic
Comunità	Comunitate
Conflitto	Conflict
Consigliere	Consilier
Cooperazione	Cooperare
Diplomatico	Diplomatic
Discussione	Discuție
Etica	Etică
Giustizia	Dreptate
Governo	Guvern
Integrità	Integritate
Politica	Politică
Risoluzione	Rezoluție
Sicurezza	Securitate
Soluzione	Soluție
Trattato	Tratat
Umanitario	Umanitar

Discipline Scientifiche
Disciplinele Științifice

Anatomia	Anatomie
Archeologia	Arheologie
Astronomia	Astronomie
Biochimica	Biochimie
Biologia	Biologie
Botanica	Botanică
Chimica	Chimie
Ecologia	Ecologie
Fisiologia	Fiziologie
Geologia	Geologie
Immunologia	Imunologie
Linguistica	Lingvistică
Meccanica	Mecanica
Meteorologia	Meteorologie
Mineralogia	Mineralogie
Neurologia	Neurologie
Psicologia	Psihologie
Sociologia	Sociologie
Termodinamica	Termodinamică
Zoologia	Zoologie

Ecologia
Ecologie

Clima	Climat
Comunità	Comunități
Diversità	Diversitate
Fauna	Faună
Flora	Floră
Globale	Global
Habitat	Habitat
Marino	Marin
Natura	Natură
Naturale	Firesc
Palude	Mlaștină
Piante	Plante
Risorse	Resurse
Siccità	Secetă
Sopravvivenza	Supraviețuire
Sostenibile	Durabilă
Specie	Specie
Varietà	Varietate
Vegetazione	Vegetație
Volontari	Voluntari

Edifici
Constructii

Ambasciata	Ambasadă
Appartamento	Apartament
Cabina	Cabină
Castello	Castel
Cinema	Cinema
Fabbrica	Fabrică
Fienile	Hambar
Hotel	Hotel
Laboratorio	Laborator
Museo	Muzeu
Ospedale	Spital
Osservatorio	Observator
Ostello	Pensiune
Scuola	Școală
Stadio	Stadion
Supermercato	Supermarket
Teatro	Teatru
Tenda	Cort
Torre	Turn
Università	Universitate

Elettricità
Electricitate

Attrezzatura	Echipament
Batteria	Baterie
Cavo	Cablu
Conservazione	Depozitare
Elettricista	Electrician
Elettrico	Electric
Fili	Fire
Generatore	Generator
Lampada	Lampă
Lampadina	Bec
Laser	Laser
Magnete	Magnet
Negativo	Negativ
Oggetti	Obiecte
Positivo	Pozitiv
Presa	Priză
Quantità	Cantitate
Rete	Rețea
Telefono	Telefon
Televisione	Televiziune

Emozioni
Emoții

Amore	Dragoste
Beatitudine	Fericire
Calma	Calm
Contenuto	Conținut
Eccitato	Excitat
Gentilezza	Bunătate
Gioia	Bucurie
Grato	Recunoscător
Imbarazzato	Jenat
Noia	Plictiseală
Pace	Pace
Paura	Frică
Rabbia	Furie
Rilassato	Relaxat
Simpatia	Simpatie
Soddisfatto	Satisfăcut
Sorpresa	Surpriză
Tenerezza	Sensibilitate
Tranquillità	Liniște
Tristezza	Tristețe

Energia
Energie

Ambiente	Mediu
Batteria	Baterie
Benzina	Benzină
Calore	Căldură
Carbonio	Carbon
Carburante	Combustibil
Diesel	Motorină
Elettrico	Electric
Elettrone	Electron
Entropia	Entropie
Fotone	Foton
Idrogeno	Hidrogen
Industria	Industrie
Inquinamento	Poluare
Motore	Motor
Nucleare	Nuclear
Rinnovabile	Regenerabile
Turbina	Turbină
Vapore	Abur
Vento	Vânt

Erboristeria
Plante Medicinale

Aglio	Usturoi
Aneto	Mărar
Aromatico	Aromat
Basilico	Busuioc
Culinario	Culinar
Dragoncello	Tarhon
Finocchio	Fenicul
Fiore	Floare
Giardino	Grădină
Ingrediente	Ingredient
Lavanda	Lavandă
Maggiorana	Maghiran
Menta	Mentă
Origano	Oregano
Prezzemolo	Pătrunjel
Qualità	Calitate
Rosmarino	Rozmarin
Timo	Cimbru
Verde	Verde
Zafferano	Șofran

Escursionismo
Drumeții

Acqua	Apă
Animali	Animale
Campeggio	Camping
Clima	Climat
Guide	Ghiduri
Mappa	Hartă
Montagna	Munte
Natura	Natură
Orientamento	Orientare
Parchi	Parcuri
Pericoli	Pericole
Pesante	Greu
Pietre	Pietre
Preparazione	Pregătirea
Scogliera	Stâncă
Selvaggio	Sălbatic
Sole	Soare
Stanco	Obosit
Stivali	Cizme
Vertice	Summit

Etica
Etica

Altruismo	Altruism
Compassione	Compasiune
Cooperazione	Cooperare
Dignità	Demnitate
Diplomatico	Diplomatic
Filosofia	Filozofie
Gentilezza	Bunătate
Individualismo	Individualism
Integrità	Integritate
Onestà	Onestitate
Ottimismo	Optimism
Pazienza	Răbdare
Ragionevole	Rezonabil
Razionalità	Raționalitate
Realismo	Realism
Rispettoso	Respectuos
Saggezza	Înțelepciune
Tolleranza	Toleranță
Umanità	Umanitate
Valori	Valori

Famiglia
Familie

Antenato	Strămoș
Bambino	Copil
Cugino	Văr
Figlia	Fiica
Fratello	Frate
Infanzia	Copilărie
Madre	Mamă
Marito	Soțul
Materno	Matern
Moglie	Soție
Nipote	Nepot
Nipote	Nepoată
Nipote	Nepot
Nonna	Bunica
Nonno	Bunic
Padre	Tată
Paterno	Patern
Sorella	Sora
Zia	Mătușă
Zio	Unchi

Fantascienza
Operă Științifico-Fantas

Atomico	Atomic
Cinema	Cinema
Distopia	Distopie
Esplosione	Explozie
Estremo	Extrem
Fantastico	Fantastic
Fuoco	Foc
Futuristico	Futurist
Galassia	Galaxie
Illusione	Iluzie
Immaginario	Imaginar
Libri	Cărți
Misterioso	Misterios
Mondo	Lume
Oracolo	Oracol
Pianeta	Planetă
Realistico	Realist
Robot	Roboți
Tecnologia	Tehnologie
Utopia	Utopie

Fattoria #1
Ferma # 1

Acqua	Apă
Agricoltura	Agricultură
Ape	Albină
Asino	Măgar
Campo	Câmp
Cane	Câine
Capra	Capră
Cavallo	Cal
Fertilizzante	Îngrășământ
Fieno	Fân
Gatto	Pisică
Gregge	Turmă
Maiale	Porc
Miele	Miere
Mucca	Vacă
Pollo	Pui
Recinto	Gard
Riso	Orez
Semi	Semințe
Vitello	Vițel

Fattoria #2
Ferma # 2

Agnello	Miel
Agricoltore	Fermier
Alveare	Stup
Anatra	Rață
Animali	Animale
Cibo	Alimente
Fienile	Hambar
Frutta	Fruct
Frutteto	Livadă
Grano	Grâu
Irrigazione	Irigare
Lama	Lamă
Latte	Lapte
Mais	Porumb
Oche	Gâște
Orzo	Orz
Pastore	Păstor
Pecora	Oaie
Prato	Luncă
Trattore	Tractor

Filantropia
Filantropie

Bambini	Copii
Bisogno	Nevoie
Carità	Caritate
Comunità	Comunitate
Contatti	Contacte
Finanza	Finanța
Fondi	Fonduri
Generosità	Generozitate
Gioventù	Tineret
Globale	Global
Gruppi	Grupuri
Missione	Misiune
Obiettivi	Obiectivele
Onestà	Onestitate
Persone	Oameni
Programmi	Programe
Pubblico	Public
Sfide	Provocări
Storia	Istorie
Umanità	Umanitate

Fisica
Fizică

Accelerazione	Accelerare
Atomo	Atom
Caos	Haos
Chimico	Chimic
Densità	Densitate
Elettrone	Electron
Espansione	Expansiune
Formula	Formulă
Frequenza	Frecvență
Gas	Gaz
Gravità	Gravitație
Magnetismo	Magnetism
Meccanica	Mecanica
Molecola	Moleculă
Motore	Motor
Nucleare	Nuclear
Particella	Particulă
Relatività	Relativitate
Universale	Universal
Velocità	Viteză

Foresta Pluviale
Pădurea Tropicală

Anfibi	Amfibieni
Botanico	Botanic
Clima	Climat
Comunità	Comunitate
Diversità	Diversitate
Giungla	Junglă
Indigeno	Indigene
Insetti	Insecte
Mammiferi	Mamifere
Muschio	Mușchi
Natura	Natură
Nuvole	Nori
Preservazione	Conservare
Prezioso	Valoros
Restauro	Restaurare
Rifugio	Refugiu
Rispetto	Respect
Sopravvivenza	Supraviețuire
Specie	Specie
Uccelli	Păsări

Forme
Forme

Angolo	Colț
Arco	Arc
Bordi	Margini
Cerchio	Cerc
Cilindro	Cilindru
Cono	Con
Cubo	Cub
Curva	Curbă
Ellisse	Elipsă
Iperbole	Hiperbolă
Lato	Parte
Linea	Linia
Ovale	Oval
Piramide	Piramidă
Poligono	Poligon
Prisma	Prismă
Quadrato	Pătrat
Rettangolo	Dreptunghi
Sfera	Sferă
Triangolo	Triunghi

Forniture Artistiche
Materiale de Artă

Acqua	Apă
Acquerelli	Acuarele
Acrilico	Acrilic
Argilla	Lut
Carbone	Cărbune
Carta	Hârtie
Cavalletto	Șevalet
Colla	Lipici
Colori	Culori
Creatività	Creativitate
Gomma	Radieră
Idee	Idei
Inchiostro	Cerneală
Matite	Creioane
Olio	Ulei
Pastelli	Pasteluri
Sedia	Scaun
Spazzole	Perii
Tavolo	Tabel
Telecamera	Aparat Foto

Forza e Gravità
Forța și Gravitatea

Asse	Axă
Attrito	Frecare
Centro	Centru
Dinamico	Dinamic
Distanza	Distanță
Espansione	Expansiune
Fisica	Fizică
Impatto	Impact
Magnetismo	Magnetism
Meccanica	Mecanica
Movimento	Mișcare
Orbita	Orbită
Peso	Greutate
Pianeti	Planete
Pressione	Presiune
Proprietà	Proprietăți
Scoperta	Descoperire
Tempo	Timp
Universale	Universal
Velocità	Viteză

Frutta
Fructe

Albicocca	Caisă
Ananas	Ananas
Arancia	Portocaliu
Avocado	Avocado
Bacca	Bacă
Banana	Banană
Ciliegia	Cireașă
Kiwi	Kiwi
Lampone	Zmeură
Limone	Lămâie
Mango	Mango
Mela	Măr
Melone	Pepene
Mora	Mure
Nettarina	Nectarină
Papaia	Papaya
Pera	Pară
Pesca	Piersică
Prugna	Prună
Uva	Struguri

Geografia
Geografie

Altitudine	Altitudine
Atlante	Atlas
Città	Oraș
Continente	Continent
Emisfero	Emisferă
Fiume	Râu
Isola	Insulă
Latitudine	Latitudine
Longitudine	Longitudine
Mappa	Hartă
Mare	Mare
Meridiano	Meridian
Mondo	Lume
Montagna	Munte
Nord	Nord
Ovest	Vest
Paese	Țară
Regione	Regiune
Sud	Sud
Territorio	Teritoriu

Geologia
Geologie

Acido	Acid
Altopiano	Platou
Calcio	Calciu
Caverna	Cavernă
Continente	Continent
Corallo	Coral
Cristalli	Cristale
Erosione	Eroziune
Fossile	Fosil
Geyser	Gheizer
Lava	Lavă
Minerali	Minerale
Pietra	Piatră
Quarzo	Cuarț
Sale	Sare
Stalagmiti	Stalagmite
Stalattite	Stalactit
Strato	Strat
Terremoto	Cutremur
Vulcano	Vulcan

Geometria
Geometrie

Altezza	Înălțime
Angolo	Unghi
Calcolo	Calcul
Cerchio	Cerc
Curva	Curbă
Diametro	Diametru
Dimensione	Dimensiune
Equazione	Ecuație
Logica	Logică
Mediano	Mediană
Numero	Număr
Orizzontale	Orizontală
Parallelo	Paralel
Proporzione	Proporție
Segmento	Segment
Simmetria	Simetrie
Superficie	Suprafață
Teoria	Teorie
Triangolo	Triunghi
Verticale	Vertical

Giardino
Grădină

Albero	Copac
Amaca	Hamac
Cespuglio	Tufiș
Erba	Iarbă
Erbacce	Buruieni
Fiore	Floare
Frutteto	Livadă
Garage	Garaj
Giardino	Grădină
Pala	Lopată
Panca	Bancă
Portico	Verandă
Prato	Gazon
Rastrello	Greblă
Recinto	Gard
Stagno	Iaz
Suolo	Sol
Terrazza	Terasă
Trampolino	Trambulină
Tubo	Furtun

Giorni e Mesi
Zile și Lunile

Agosto	August
Anno	An
Aprile	Aprilie
Calendario	Calendar
Dicembre	Decembrie
Domenica	Duminică
Febbraio	Februarie
Gennaio	Ianuarie
Giugno	Iunie
Luglio	Iulie
Lunedì	Luni
Martedì	Marți
Mercoledì	Miercuri
Mese	Lună
Novembre	Noiembrie
Ottobre	Octombrie
Sabato	Sâmbătă
Settembre	Septembrie
Settimana	Săptămână
Venerdì	Vineri

Governo
Guvern

Capo	Lider
Cittadinanza	Cetățenie
Civile	Civil
Costituzione	Constituție
Democrazia	Democrație
Discorso	Vorbire
Discussione	Discuție
Giudiziario	Juridic
Giustizia	Dreptate
Indipendenza	Independență
Legge	Lege
Libertà	Libertate
Monumento	Monument
Nazionale	Național
Nazione	Națiune
Politica	Politică
Quartiere	District
Simbolo	Simbol
Stato	Stat
Uguaglianza	Egalitate

Guida
Conducere

Auto	Mașină
Autobus	Autobuz
Carburante	Combustibil
Freni	Frâne
Garage	Garaj
Gas	Gaz
Incidente	Accident
Licenza	Licență
Mappa	Hartă
Moto	Motocicletă
Motore	Motor
Pedonale	Pieton
Pericolo	Pericol
Polizia	Politie
Sicurezza	Siguranță
Strada	Drum
Traffico	Trafic
Trasporto	Transport
Tunnel	Tunel
Velocità	Viteză

I Media
Mass-Media

Atteggiamenti	Atitudini
Commerciale	Comercial
Comunicazione	Comunicare
Digitale	Digital
Edizione	Ediție
Educazione	Educație
Fatti	Fapte
Finanziamento	Finanțarea
Foto	Fotografii
Giornali	Presă
Individuale	Individual
Industria	Industrie
Intellettuale	Intelectual
Locale	Local
Online	Online
Opinione	Opinie
Pubblico	Public
Radio	Radio
Rete	Rețea
Televisione	Televiziune

Imbarcazioni
Barci

Albero	Catarg
Ancora	Ancoră
Boa	Geamandură
Canoa	Canoe
Corda	Frânghie
Equipaggio	Echipaj
Fiume	Râu
Kayak	Caiac
Lago	Lac
Mare	Mare
Marea	Maree
Marinaio	Marinar
Marittimo	Maritim
Motore	Motor
Nautico	Nautic
Oceano	Ocean
Onde	Valuri
Traghetto	Bac
Yacht	Iaht
Zattera	Plută

Ingegneria
Inginerie

Angolo	Unghi
Asse	Axă
Calcolo	Calcul
Costruzione	Construcție
Diagramma	Diagramă
Diametro	Diametru
Diesel	Motorină
Distribuzione	Distribuție
Energia	Energie
Forza	Tărie
Ingranaggi	Unelte
Liquido	Lichid
Macchina	Mașină
Misurazione	Măsurare
Motore	Motor
Profondità	Adâncime
Propulsione	Propulsie
Rotazione	Rotație
Stabilità	Stabilitate
Struttura	Structura

Jazz
Jazz

Album	Album
Applauso	Aplauze
Artista	Artist
Canzone	Cântec
Compositore	Compozitor
Composizione	Compoziție
Concerto	Concert
Enfasi	Accent
Famoso	Celebru
Genere	Gen
Improvvisazione	Improvizaţie
Musica	Muzică
Nuovo	Nou
Orchestra	Orchestră
Preferiti	Favorite
Ritmo	Ritm
Stile	Stil
Talento	Talent
Tecnica	Tehnică
Vecchio	Vechi

L'Azienda
Compania

Creativo	Creativ
Decisione	Decizie
Globale	Global
Industria	Industrie
Innovativo	Inovator
Investimento	Investiţii
Occupazione	Angajare
Possibilità	Posibilitate
Presentazione	Prezentare
Prodotto	Produs
Professionale	Profesional
Progresso	Progres
Qualità	Calitate
Reddito	Venituri
Reputazione	Reputatie
Rischi	Riscuri
Risorse	Resurse
Salari	Salarii
Tendenze	Tendinţe
Unità	Unităţi

Letteratura
Literatură

Analisi	Analiză
Analogia	Analogie
Aneddoto	Anecdotă
Autore	Autor
Biografia	Biografie
Conclusione	Concluzie
Confronto	Comparaţie
Descrizione	Descriere
Dialogo	Dialog
Genere	Gen
Metafora	Metaforă
Opinione	Opinie
Poesia	Poem
Poetico	Poetic
Rima	Rimă
Ritmo	Ritm
Romanzo	Roman
Stile	Stil
Tema	Temă
Tragedia	Tragedie

Libri
Cărţi

Autore	Autor
Avventura	Aventură
Collezione	Colecţie
Contesto	Context
Dualità	Dualitate
Epico	Epic
Inventivo	Inventiv
Letterario	Literar
Lettore	Cititor
Narratore	Narator
Pagina	Pagină
Poesia	Poezie
Rilevante	Relevant
Romanzo	Roman
Scritto	Scris
Serie	Serie
Storia	Poveste
Storico	Istoric
Tragico	Tragic
Umoristico	Plin de Umor

Malattia
Boală

Acuto	Acut
Addominale	Abdominal
Allergie	Alergii
Benessere	Bunastare
Contagioso	Contagios
Corpo	Corp
Cronico	Cronic
Cuore	Inimă
Debole	Slab
Ereditario	Ereditar
Genetico	Genetic
Immunità	Imunitate
Infiammazione	Iritare
Lombare	Lombar
Neuropatia	Neuropatie
Polmonare	Pulmonar
Respiratorio	Respiratorii
Salute	Sănătate
Sindrome	Sindrom
Terapia	Terapie

Mammiferi
Mamiferele

Balena	Balenă
Cane	Câine
Canguro	Cangur
Cavallo	Cal
Cervo	Cerb
Coniglio	Iepure
Coyote	Coiot
Delfino	Delfin
Elefante	Elefant
Gatto	Pisică
Giraffa	Girafă
Gorilla	Gorilă
Leone	Leu
Lupo	Lup
Orso	Urs
Pecora	Oaie
Scimmia	Maimuţă
Toro	Taur
Volpe	Vulpe
Zebra	Zebră

Matematica
Matematică

Angoli	Unghiuri
Aritmetica	Aritmetică
Circonferenza	Circumferinţă
Decimale	Zecimal
Diametro	Diametru
Equazione	Ecuaţie
Esponente	Exponent
Frazione	Fracţiune
Geometria	Geometrie
Parallelo	Paralel
Parallelogramma	Paralelogram
Perimetro	Perimetru
Poligono	Poligon
Quadrato	Pătrat
Raggio	Rază
Rettangolo	Dreptunghi
Simmetria	Simetrie
Somma	Sumă
Triangolo	Triunghi
Volume	Volum

Meditazione
Meditaţie

Accettazione	Acceptare
Attenzione	Atenţie
Calma	Calm
Chiarezza	Claritate
Compassione	Compasiune
Emozioni	Emoţii
Gentilezza	Bunătate
Gratitudine	Recunoştinţă
Mentale	Mental
Mente	Minte
Movimento	Mişcare
Musica	Muzică
Natura	Natură
Osservazione	Observare
Pace	Pace
Pensieri	Gânduri
Postura	Postură
Prospettiva	Perspectivă
Respirazione	Respiraţie
Silenzio	Tăcere

Meteo
Vremea

Arcobaleno	Curcubeu
Asciutto	Uscat
Atmosfera	Atmosferă
Brezza	Briză
Cielo	Cer
Clima	Climat
Fulmine	Fulger
Ghiaccio	Gheaţă
Monsone	Muson
Nebbia	Ceaţă
Nube	Nor
Polare	Polar
Siccità	Secetă
Temperatura	Temperatura
Tempesta	Furtună
Tornado	Tornadă
Tropicale	Tropicale
Tuono	Tunet
Uragano	Uragan
Vento	Vânt

Misurazioni
Măsurătorile

Altezza	Înălţime
Byte	Byte
Centimetro	Centimetru
Chilogrammo	Kilogram
Chilometro	Kilometru
Decimale	Zecimal
Grado	Grad
Grammo	Gram
Larghezza	Lăţime
Litro	Litru
Lunghezza	Lungime
Metro	Metru
Minuto	Minut
Oncia	Uncie
Peso	Greutate
Pinta	Halbă
Pollice	Inch
Profondità	Adâncime
Tonnellata	Tonă
Volume	Volum

Mitologia
Mitologie

Archetipo	Arhetip
Comportamento	Comportament
Creatura	Făptură
Creazione	Creare
Cultura	Cultură
Disastro	Dezastru
Divinità	Zeităţi
Eroe	Erou
Forza	Tărie
Fulmine	Fulger
Gelosia	Gelozie
Guerriero	Războinic
Immortalità	Nemurire
Labirinto	Labirint
Leggenda	Legendă
Magico	Magic
Mortale	Muritor
Mostro	Monstru
Tuono	Tunet
Vendetta	Răzbunare

Moda
Modă

Abbigliamento	Îmbrăcăminte
Boutique	Butic
Caro	Scump
Confortevole	Confortabil
Elegante	Elegant
Minimalista	Minimalist
Modello	Model
Moderno	Modern
Modesto	Modest
Originale	Original
Pizzo	Dantelă
Pratico	Practic
Pulsanti	Butoane
Ricamo	Broderie
Semplice	Simplu
Sofisticato	Sofisticat
Stile	Stil
Tendenza	Tendinţă
Tessuto	Ţesătură
Trama	Textură

Musica
Muzica

Album	Album
Armonia	Armonie
Armonico	Armonic
Ballata	Baladă
Cantante	Cântăreț
Cantare	Cânta
Classico	Clasic
Coro	Cor
Lirico	Liric
Melodia	Melodie
Microfono	Microfon
Musicale	Muzical
Musicista	Muzician
Opera	Operă
Poetico	Poetic
Registrazione	Înregistrare
Ritmico	Ritmic
Ritmo	Ritm
Strumento	Instrument
Vocale	Vocal

Natura
Natura

Animali	Animale
Api	Albine
Artico	Arctic
Bellezza	Frumusețe
Deserto	Deșert
Dinamico	Dinamic
Erosione	Eroziune
Fiume	Râu
Fogliame	Frunze
Foresta	Pădure
Ghiacciaio	Ghețar
Nebbia	Ceață
Nuvole	Nori
Rifugio	Adăpost
Santuario	Sanctuar
Scogliere	Stânci
Selvaggio	Sălbatic
Sereno	Senin
Tropicale	Tropical
Vitale	Vital

Numeri
Numerele

Cinque	Cinci
Decimale	Zecimal
Diciannove	Nouăsprezece
Diciassette	Șaptesprezece
Diciotto	Optsprezece
Dieci	Zece
Dodici	Doisprezece
Due	Doi
Nove	Nouă
Otto	Opt
Quattordici	Paisprezece
Quattro	Patru
Quindici	Cincisprezece
Sedici	Șaisprezece
Sei	Șase
Sette	Șapte
Tre	Trei
Tredici	Treisprezece
Venti	Douăzeci
Zero	Zero

Nutrizione
Alimentație

Amaro	Amar
Appetito	Apetit
Bilanciato	Echilibrat
Calorie	Calorii
Carboidrati	Glucide
Commestibile	Comestibil
Dieta	Dietă
Digestione	Digestie
Fermentazione	Fermentație
Liquidi	Lichide
Nutriente	Nutrient
Peso	Greutate
Proteine	Proteine
Qualità	Calitate
Salsa	Sos
Salute	Sănătate
Sano	Sănătos
Spezie	Condimente
Tossina	Toxină
Vitamina	Vitamină

Oceano
Ocean

Alghe	Alge
Anguilla	Anghilă
Balena	Balenă
Barca	Barcă
Corallo	Coral
Delfino	Delfin
Gamberetto	Crevetă
Granchio	Crab
Maree	Maree
Medusa	Meduze
Onde	Valuri
Ostrica	Stridie
Pesce	Pește
Polpo	Caracatiță
Sale	Sare
Scogliera	Recif
Spugna	Burete
Squalo	Rechin
Tempesta	Furtună
Tonno	Ton

Paesaggi
Peisaje

Cascata	Cascadă
Collina	Deal
Deserto	Deșert
Fiume	Râu
Geyser	Gheizer
Ghiacciaio	Ghețar
Grotta	Peșteră
Iceberg	Aisberg
Isola	Insulă
Lago	Lac
Mare	Mare
Montagna	Munte
Oasi	Oază
Oceano	Ocean
Palude	Mlaștină
Penisola	Peninsulă
Spiaggia	Plajă
Tundra	Tundră
Valle	Vale
Vulcano	Vulcan

Paesi #1
Țările #1

Brasile	Brazilia
Cambogia	Cambodgia
Canada	Canada
Egitto	Egipt
Finlandia	Finlanda
Germania	Germania
India	India
Iraq	Irak
Israele	Israel
Libia	Libia
Mali	Mali
Marocco	Maroc
Norvegia	Norvegia
Panama	Panama
Polonia	Polonia
Romania	România
Senegal	Senegal
Spagna	Spania
Venezuela	Venezuela
Vietnam	Vietnam

Paesi #2
Țările #2

Albania	Albania
Danimarca	Danemarca
Etiopia	Etiopia
Giamaica	Jamaica
Giappone	Japonia
Grecia	Grecia
Haiti	Haiti
Indonesia	Indonezia
Irlanda	Irlanda
Laos	Laos
Liberia	Liberia
Messico	Mexic
Nepal	Nepal
Nigeria	Nigeria
Pakistan	Pakistan
Russia	Rusia
Siria	Siria
Sudan	Sudan
Ucraina	Ucraina
Uganda	Uganda

Piante
Plante

Albero	Copac
Bacca	Bacă
Bambù	Bambus
Botanica	Botanică
Cactus	Cactus
Cespuglio	Tufiș
Crescere	Crește
Edera	Iederă
Erba	Iarbă
Fagiolo	Fasole
Fertilizzante	Îngrășământ
Fiore	Floare
Flora	Floră
Fogliame	Frunze
Foresta	Pădure
Giardino	Grădină
Muschio	Mușchi
Petalo	Petală
Radice	Rădăcină
Vegetazione	Vegetație

Professioni #1
Profesiile #1

Allenatore	Antrenor
Ambasciatore	Ambasador
Artista	Artist
Astronomo	Astronom
Avvocato	Avocat
Ballerino	Dansator
Banchiere	Bancher
Cacciatore	Vânător
Cartografo	Cartograf
Editore	Editor
Farmacista	Farmacist
Geologo	Geolog
Gioielliere	Bijutier
Idraulico	Instalator
Marinaio	Marinar
Musicista	Muzician
Pianista	Pianist
Psicologo	Psiholog
Scienziato	Om de Știință
Veterinario	Veterinar

Professioni #2
Profesiile #2

Astronauta	Astronaut
Bibliotecario	Bibliotecar
Biologo	Biolog
Chirurgo	Chirurg
Dentista	Dentist
Filosofo	Filozof
Fotografo	Fotograf
Giardiniere	Grădinar
Giornalista	Jurnalist
Illustratore	Ilustrator
Ingegnere	Inginer
Insegnante	Profesor
Inventore	Inventator
Investigatore	Investigator
Linguista	Lingvist
Medico	Medic
Pilota	Pilot
Pittore	Pictor
Ricercatore	Cercetător
Zoologo	Zoolog

Psicologia
Psihologie

Appuntamento	Programare
Clinico	Clinic
Cognizione	Cunoaștere
Comportamento	Comportament
Conflitto	Conflict
Ego	Ego
Emozioni	Emoții
Esperienze	Experiențe
Idee	Idei
Inconscio	Inconștient
Infanzia	Copilărie
Pensieri	Gânduri
Percezione	Percepție
Personalità	Personalitate
Problema	Problemă
Realtà	Realitate
Sensazione	Senzație
Subconscio	Subconștient
Terapia	Terapie
Valutazione	Evaluare

Riscaldamento Globale
Încălzirea Globală

Ambientale	Mediu
Artico	Arctic
Attenzione	Atenție
Clima	Climat
Crisi	Criză
Dati	Date
Energia	Energie
Futuro	Viitor
Gas	Gaz
Generazioni	Generații
Governo	Guvern
Habitat	Habitate
Industria	Industrie
Internazionale	Internațional
Legislazione	Legislație
Ora	Acum
Popolazioni	Populații
Scienziato	Om de Știință
Sviluppo	Dezvoltare
Temperature	Temperaturi

Ristorante #2
Restaurantul #2

Acqua	Apă
Aperitivo	Aperitiv
Bevanda	Băutură
Cameriere	Chelner
Cena	Cina
Cucchiaio	Lingură
Delizioso	Delicios
Forchetta	Furcă
Frutta	Fruct
Ghiaccio	Gheață
Insalata	Salată
Minestra	Supă
Pesce	Pește
Pranzo	Prânz
Sale	Sare
Sedia	Scaun
Spezie	Condimente
Torta	Tort
Uova	Ouă
Verdure	Legume

Salute e Benessere #1
Sănătate și Bunăstare #1

Abitudine	Obicei
Altezza	Înălțime
Attivo	Activ
Batteri	Bacterii
Clinica	Clinica
Fame	Foame
Farmacia	Farmacie
Frattura	Fractură
Medicina	Medicină
Medico	Doctor
Muscoli	Mușchi
Nervi	Nervi
Ormoni	Hormoni
Pelle	Piele
Postura	Postură
Riflesso	Reflex
Rilassamento	Relaxare
Terapia	Terapie
Trattamento	Tratament
Virus	Virus

Salute e Benessere #2
Sănătate și Bunăstare #2

Allergia	Alergie
Anatomia	Anatomie
Appetito	Apetit
Caloria	Calorii
Corpo	Corp
Dieta	Dietă
Digestione	Digestie
Disidratazione	Deshidratare
Energia	Energie
Genetica	Genetică
Igiene	Igienă
Infezione	Infecție
Malattia	Boala
Massaggio	Masaj
Nutrizione	Nutriție
Ospedale	Spital
Peso	Greutate
Sangue	Sânge
Sano	Sănătos
Vitamina	Vitamină

Scacchi
Șah

Avversario	Adversar
Bianco	Alb
Campione	Campion
Concorso	Concurs
Diagonale	Diagonală
Giocatore	Jucător
Gioco	Joc
Intelligente	Inteligent
Nero	Negru
Passivo	Pasiv
Punti	Puncte
Re	Rege
Regina	Regină
Regole	Reguli
Sacrificio	Sacrificiu
Sfide	Provocări
Strategia	Strategie
Tempo	Timp
Torneo	Turneu

Scienza
Știință

Atomo	Atom
Chimico	Chimic
Clima	Climat
Dati	Date
Esperimento	Experiment
Evoluzione	Evoluție
Fatto	Fapt
Fisica	Fizică
Fossile	Fosil
Gravità	Gravitație
Ipotesi	Ipoteză
Laboratorio	Laborator
Metodo	Metodă
Minerali	Minerale
Molecole	Molecule
Natura	Natură
Organismo	Organism
Osservazione	Observare
Particelle	Particule
Scienziato	Om de Știință

Spezie
Condimente

Aglio	Usturoi
Amaro	Amar
Anice	Anason
Cannella	Scorțișoară
Cardamomo	Cardamom
Cipolla	Ceapă
Coriandolo	Coriandru
Cumino	Chimion
Curcuma	Curcumă
Curry	Curry
Dolce	Dulce
Finocchio	Fenicul
Liquirizia	Lemn Dulce
Noce Moscata	Nucșoară
Paprika	Paprika
Pepe	Piper
Sale	Sare
Vaniglia	Vanilie
Zafferano	Șofran
Zenzero	Ghimbir

Strumenti Musicali
Instrumente Muzicale

Armonica	Muzicuță
Arpa	Harpă
Banjo	Banjo
Chitarra	Chitară
Clarinetto	Clarinet
Fagotto	Fagot
Flauto	Flaut
Gong	Gong
Mandolino	Mandolină
Marimba	Marimba
Oboe	Oboi
Percussione	Percuție
Pianoforte	Pian
Sassofono	Saxofon
Tamburello	Tamburină
Tamburo	Tobă
Tromba	Trompetă
Trombone	Trombon
Violino	Vioară
Violoncello	Violoncel

Tempo
Timp

Anno	An
Annuale	Anual
Calendario	Calendar
Decennio	Deceniu
Dopo	După
Futuro	Viitor
Giorno	Zi
Ieri	Ieri
Mattina	Dimineață
Mese	Lună
Mezzogiorno	Amiază
Minuto	Minut
Notte	Noapte
Oggi	Azi
Ora	Oră
Orologio	Ceas
Presto	Curând
Prima	Înainte
Secolo	Secol
Settimana	Săptămână

Tipi di Capelli
Tipuri de Par

Argento	Argint
Asciutto	Uscat
Bianco	Alb
Biondo	Blond
Breve	Scurt
Calvo	Chel
Colorato	Colorate
Grigio	Gri
Intrecciato	Împletit
Liscio	Neted
Lungo	Lung
Marrone	Maro
Morbido	Moale
Nero	Negru
Riccio	Cret
Riccioli	Bucle
Sano	Sănătos
Sottile	Subțire
Spessore	Gros
Trecce	Împletituri

Uccelli
Păsări

Airone	Stârc
Anatra	Rață
Aquila	Vultur
Cicogna	Barză
Cigno	Lebădă
Cuculo	Cuc
Falco	Șoim
Fenicottero	Flamingo
Gabbiano	Pescăruș
Oca	Gâscă
Pappagallo	Papagal
Passero	Vrabie
Pavone	Păun
Pellicano	Pelican
Piccione	Porumbel
Pinguino	Pinguin
Pollo	Pui
Struzzo	Struț
Tucano	Toucan
Uovo	Ou

Universo
Universul

Asteroide	Asteroid
Astronomia	Astronomie
Astronomo	Astronom
Atmosfera	Atmosferă
Buio	Întuneric
Celeste	Ceresc
Cielo	Cer
Cosmico	Cosmic
Emisfero	Emisferă
Galassia	Galaxie
Latitudine	Latitudine
Longitudine	Longitudine
Luna	Luna
Orbita	Orbită
Orizzonte	Orizont
Solare	Solar
Solstizio	Solstițiu
Telescopio	Telescop
Visibile	Vizibil
Zodiaco	Zodiac

Vacanze #2
Vacanță #2

Aeroporto	Aeroport
Campeggio	Camping
Destinazione	Destinaţie
Foto	Fotografii
Hotel	Hotel
Isola	Insulă
Mappa	Hartă
Mare	Mare
Passaporto	Paşaport
Ristorante	Restaurant
Spiaggia	Plajă
Straniero	Străin
Taxi	Taxi
Tempo Libero	Timp Liber
Tenda	Cort
Trasporto	Transport
Treno	Tren
Vacanza	Vacanţă
Viaggio	Călătorie
Visto	Viză

Veicoli
Autovehicule

Aereo	Avion
Ambulanza	Ambulanţă
Auto	Maşină
Autobus	Autobuz
Barca	Barcă
Bicicletta	Bicicletă
Camion	Camion
Caravan	Caravană
Elicottero	Elicopter
Metropolitana	Metrou
Motore	Motor
Pneumatici	Anvelope
Razzo	Rachetă
Scooter	Scuter
Sottomarino	Submarin
Taxi	Taxi
Traghetto	Bac
Trattore	Tractor
Treno	Tren
Zattera	Plută

Verdure
Legume

Aglio	Usturoi
Broccolo	Broccoli
Carciofo	Anghinare
Carota	Morcov
Cetriolo	Castravete
Cipolla	Ceapă
Fungo	Ciupercă
Insalata	Salată
Melanzana	Vânătă
Patata	Cartof
Pisello	Mazăre
Pomodoro	Roşie
Prezzemolo	Pătrunjel
Rapa	Nap
Ravanello	Ridiche
Scalogno	Şalotă
Sedano	Ţelină
Spinaci	Spanac
Zenzero	Ghimbir
Zucca	Dovleac

Vestiti
Haine

Abito	Rochie
Braccialetto	Brăţară
Camicetta	Bluză
Camicia	Cămaşă
Cappello	Pălărie
Cappotto	Haina
Cintura	Curea
Collana	Colier
Giacca	Sacou
Gonna	Fusta
Grembiule	Şorţ
Guanti	Mănuşi
Jeans	Blugi
Maglione	Pulover
Moda	Modă
Pantaloni	Pantaloni
Pigiama	Pijama
Sandali	Sandale
Scarpa	Pantof
Sciarpa	Eşarfă

Congratulazioni

Ce l'hai fatta!

Speriamo che questo libro vi sia piaciuto tanto quanto a noi è piaciuto concepirlo. Ci sforziamo di creare libri della più alta qualità possibile.
Questa edizione è progettata per fornire un apprendimento intelligente, di qualità e divertente!

Le è piaciuto questo libro?

Una Semplice Richiesta

Questi libri esistono grazie alle recensioni che pubblicate.

Puoi aiutarci lasciando una recensione
ora a questo link ?

BestBooksActivity.com/Recensioni50

SFIDA FINALE!

Sfida n°1

Sei pronto per il tuo gioco gratuito? Li usiamo sempre, ma non sono così facili da trovare - ecco i **Sinonimi!**
Scrivi 5 parole che hai trovato nei puzzle (n° 21, n° 36, n° 76) e prova a trovare 2 sinonimi per ogni parola.

Scrivi 5 parole del **Puzzle 21**

Parole	Sinonimo 1	Sinonimo 2

Scrivi 5 parole del **Puzzle 36**

Parole	Sinonimo 1	Sinonimo 2

Scrivi 5 parole del **Puzzle 76**

Parole	Sinonimo 1	Sinonimo 2

Sfida n°2

Ora che ti sei riscaldato, scrivi 5 parole che hai trovato nei puzzle n° 9, n° 17 e n° 25 e cerca di trovare 2 contrari per ogni parola. Quanti ne puoi trovare in 20 minuti?

Scrivi 5 parole del **Puzzle 9**

Parole	Antonimo 1	Antonimo 2

Scrivi 5 parole del **Puzzle 17**

Parole	Antonimo 1	Antonimo 2

Scrivi 5 parole del **Puzzle 25**

Parole	Antonimo 1	Antonimo 2

Sfida n°3

Grande! Questa sfida   non è niente per te!

Pronto per la sfida finale? Scegli 10 parole che hai scoperto nei diversi puzzle e scrivile qui sotto.

1.	6.
2.	7.
3.	8.
4.	9.
5.	10.

Ora scrivi un testo pensando a una persona, un animale o un luogo che ti piace.

Puoi usare l'ultima pagina di questo libro come bozza.

La tua composizione:

_____

_____

_____

_____

_____

_____

_____

_____

TACCUINO:

A PRESTO!

Tutta la Squadra